美爆音！ぼくらの青春シンフォニー

習志野高校吹奏楽部の仲間たち

オザワ部長 著
pon-marsh 絵

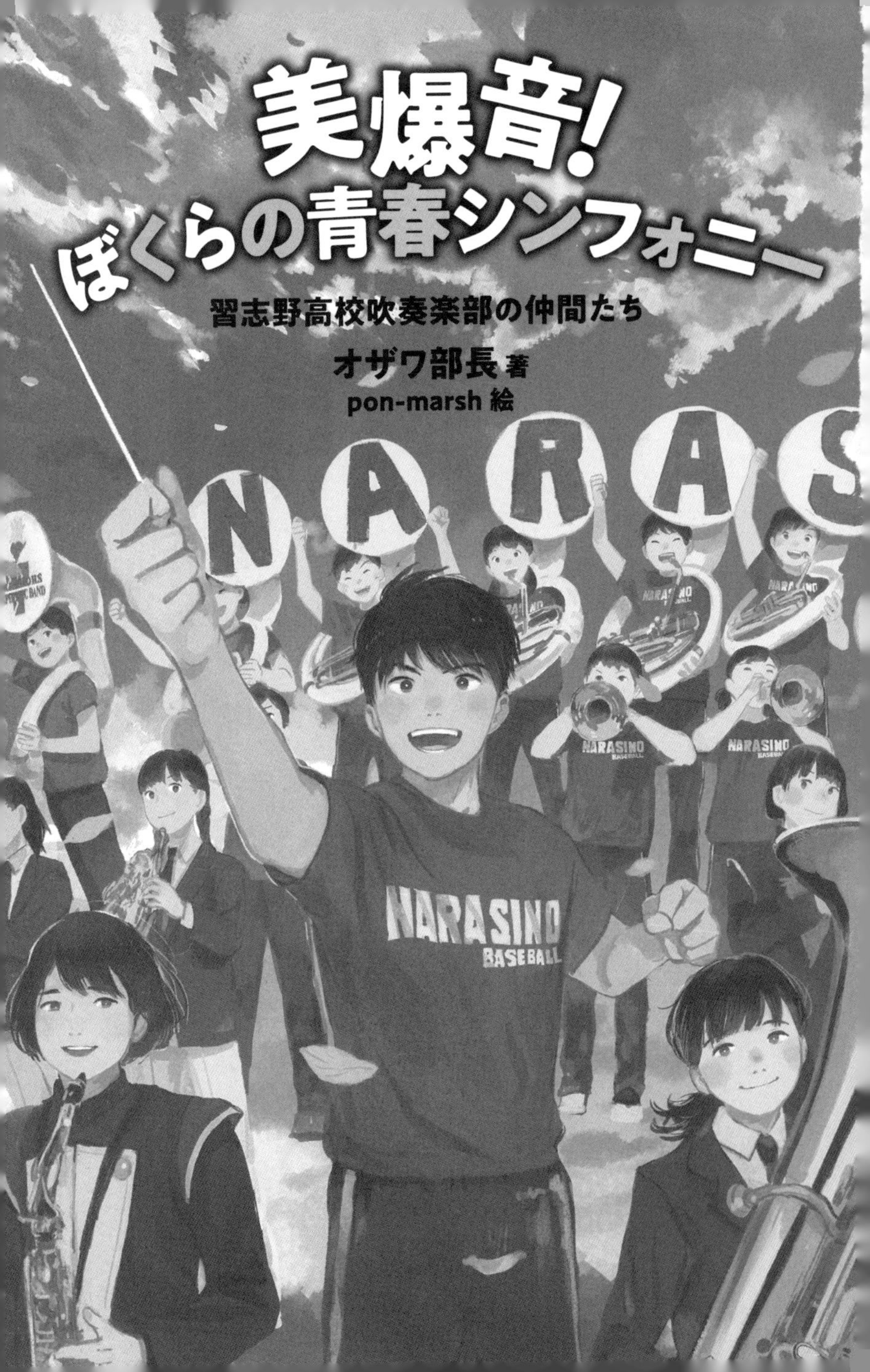

目次

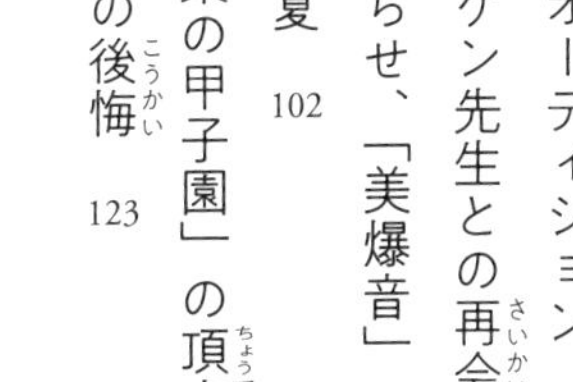

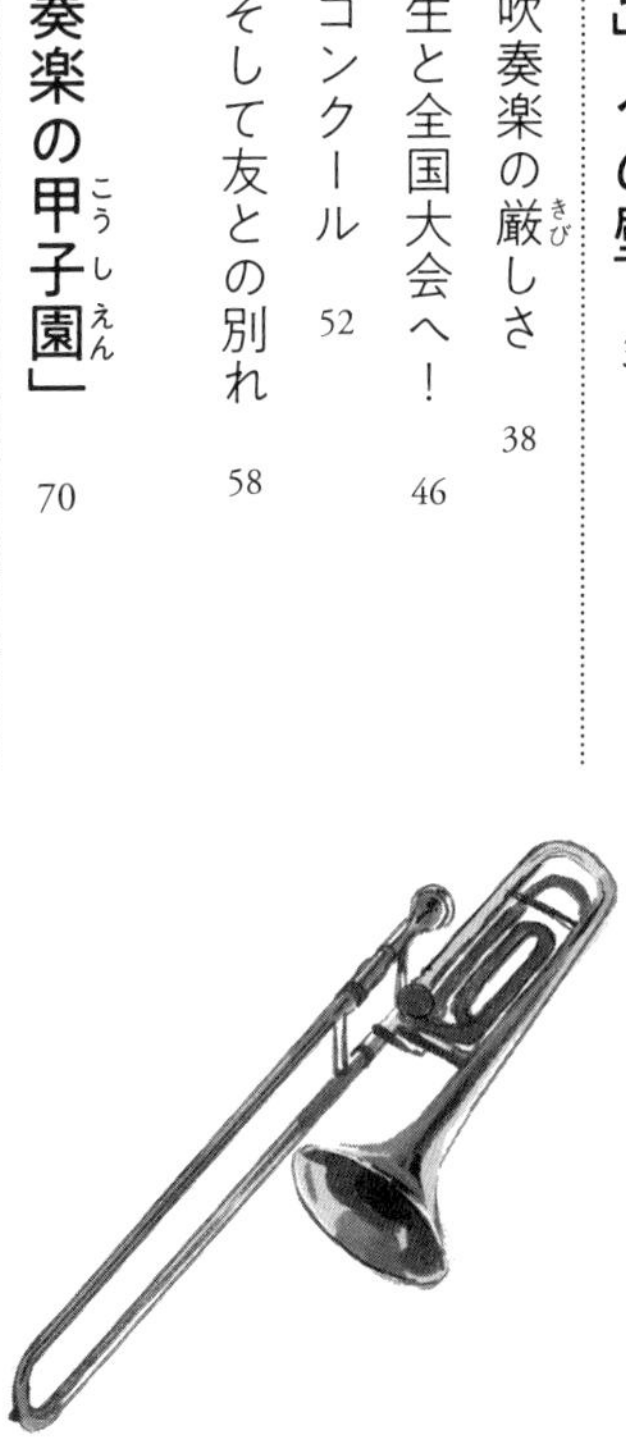

♪第1楽章　ヤンチャ小学生、習志野《ならしの》高校《こうこう》をめざす

はじめまして、チューバ

「酒井《サカイ》悠歌《ハルカ》」

初めてその名前を耳にした人はほとんど、かわいらしくておしとやかな女の子を想像《そうぞう》する。

けれど、実際《じっさい》のハルカはそんなイメージとは正反対だった。

元気モリモリで、スポーツが得意。ヤンチャで、イタズラ好きで、少しの間もじっとしていられない男の子だった。

しかも、生まれたときから同い年の子より体が人一倍大きかった。

小学4年生になったハルカは、すでに中学生と間違《まちが》われるほどの立派《りっぱ》な体格《たいかく》だった。

ハルカが通っていたのは、習志野市立東習志野小学校《ならしのしりつひがしならしのしょうがっこう》。この学校では、4年生から部活動が始まる。

「バスケやろうかな。いや、野球もおもしろそうだな」

けれど、部活初日に足が向いたのは、体育館でも校庭でもなく、音楽室だった。

「やっぱりオレは吹奏楽《すいそうがく》やるしかないっしょ！」

ハルカの心ははずんでいた。

実は、ハルカの父親はロックバンドのボーカリスト。つまり、プロのミュージシャンだ。ライブ会場でスポットライトを浴びながら歌ったり、アニメの主題歌に採用《さいよう》されたり、CDをリリースしたりしている父親の姿《すがた》に、ハルカはずっとあこがれていた。

「お父さんみたいな音楽のプロになりたい」

ハルカは漠然《ばくぜん》とそんな思いを持っていた。そして、東習志野小に「吹奏楽部」という音《おん》楽系《がくけい》の部活動があることを知り、入部を決意していた。

「ここからオレの、栄光の音楽ロードが始まるんだ！」

ハルカはニヤニヤしながら音楽室に一歩足を踏《ふ》み入れた。

その瞬間《しゅんかん》、顔がこわばった。

音楽室に集まっているのは女子ばかり。たくさんの目が、いきなりズカズカ入りこんできた大柄《おおがら》な男子に注がれた。

（あれっ、もしかしてオレって場違い⁉）

慌《あわ》てて回れ右をして出ていこうとしたとき、上級生らしき女子から声をかけられた。

「入部希望ですか？」

「えっ⁉　あっ……はい……いや……」

「じゃあ、ここにクラスと名前書いてください」

「オレ、まだ入るって決めたわけじゃ……」

入部届《にゅうぶとどけ》を目の前に出され、ハルカは逃《に》げ腰《ごし》になった。

と、そのとき、ハルカの耳に「音」が響《ひび》いてきた。

高い音、低い音。

透《す》き通るような音、温かい音。

華々《はなばな》しい音、暗い音。

色とりどりの「音」がいくつも聞こえてくる。

音楽室を見渡《みわた》すと、そこここで上級生たちが楽器を吹《ふ》き始めていた。

キラキラと輝《かがや》く金色や銀色の楽器、かわいらしい小さな楽器、管が入り組んで複雑《ふくざつ》な形をした楽器……初めて目にする楽器がたくさんあった。

ハルカは頭がカーッと熱くなった。

どの楽器がいいのかもわからないし、楽器の名前もわからない。そもそも「吹奏楽《すいそうがく》」がどんな音楽かも知らなかった。

(でも、オレ、やってみたい！)

ハルカの目が輝き始めた。

「どうしますか？」

改めて上級生から聞かれたとき——ハルカは反射的《はんしゃてき》に入部届《にゅうぶとどけ》を手にしていた。

「入ります！」

ハルカは勢《いきお》いで入部を決めてしまった。

けれど、男子部員はごくわずかしかおらず、女子が大多数の中でどうしたらいいのかわからない。ハルカが大きな体を縮《ちぢ》こまらせていると、顧問《こもん》の先生がやってきた。

冨田政芳《とみたまさよし》先生――男性《だんせい》の先生だ。

ハルカはようやく味方が見つかったというようにホッと胸《むね》をなでおろした。

「サカイくん、どれかやってみたい楽器はあるの？」

「いえ、よくわからないんで」

すると、冨田先生はハルカの体を上から下まで眺《なが》め、「う～ん」とか「なるほど」とかつぶやいた。そして、こう言った。

「君は体が大きいし、唇《くちびる》も厚《あつ》めだから、チューバはどうかな？」

「ちゅ……？」

「チューバ！　いちばん大きくて、低い音が出る管楽器だよ。管楽器というのは、吹いて音が出る楽器のこと。サカイくんみたいにパワーがある子なら、きっといい音が出せると思う」

ハルカは「パワーがある子」という言葉にピクッと反応《はんのう》した。

（パワーを生かして演奏《えんそう》できる楽器があるのか。それってなんかカッコよくない⁉）

冨田先生はハルカを楽器庫に連れていってくれた。文字どおり、ケースに入った楽器を置いておく部屋だ。

先生はその中からとびきり大きい、真っ黒なケースを引っ張《ぱ》り出した。体を丸めれば、ハルカでも中に入れてしまいそうなほどのサイズだ。

先生が金具のロックを外すと、ケースは真っぷたつに分かれてパカッと開いた。

中から現《あらわ》れたのは、金色に輝《かがや》く大きな金属《きんぞく》のかたまりだった。

「でかっ！」と思わずハルカは声を漏《も》らした。

巨大《きょだい》な花のように開いた部分と、グネグネ曲がった管がつながり、スイッチのようなものやネジ、リングなどもついている。

（なんか……チューバって機械っぽくてカッコいいな！）

先生が「よいしょ」と言いながら楽器を持ち上げ、ハルカのほうに差し出した。

「ほら、持ってごらん」

ハルカは初めてチューバを手にした。

手で触《ふ》れる感触《かんしょく》は、ひんやり冷たく、硬《かた》い。そして、重い！

すると、先生がケースに入っていた金属の部品を取り出した。こちらは小さな花のような形だけれど、分厚《ぶあつ》く、小さいなりに重さもありそうだった。

「これがマウスピースっていうものだよ。これを楽器に取り付けて吹《ふ》くんだ」

先生は、チューバの管の端《はし》に開いていた小さな穴《あな》にマウスピースを取り付けた。

「ここに唇《くちびる》をくっつけて、ブルルルッてふるわせると音が出るんだよ」

「えっ、リコーダーみたいにフーッて吹くだけじゃないんですか？」

「違《ちが》うよ。チューバやトランペットのような金管楽器は、唇をふるわせた音をこの管の中で増幅《ぞうふく》させたり音の高さを変えたりして音を出すしくみなんだ。ちょっとやってごらん」

ハルカは言われたとおり、マウスピースに唇を押《お》し当て、吹いてみた。

最初は唇がふるえず、スカーッと間の抜《ぬ》けた空気の音だけが響《ひび》いた。

「緊張《きんちょう》しないでいいよ。リラックスして、思いっきり吹いて」と先生は笑った。

（本当にこんなんで音が出るのかな……）

ハルカは半信半疑《はんしんはんぎ》だったが、もう一度チューバに息を吹きこんでみた。

楽器全体が小刻《こきざ》みに振動《しんどう》したかと思うと、いきなり「ブォンッ！」という大きな音が響き出した。お腹《なか》に響くような低い音だ。

ハルカは自分で出した音にびっくりした。

「おぉ、すごいすごい！　いきなりいい音が出たね」

冨田《とみた》先生も褒《ほ》めてくれた。

「どう？　チューバやってみる？」

「はい！」

ハルカはすっかりいい気分になり、そう答えた。

それがハルカとチューバとの出会いだった。

まさかずっと青春時代をチューバとともに歩み、チューバによって人生まで変わってしまうとは、そのときのハルカは思ってもいなかった。

吹奏楽部《すいそうがくぶ》に集まった仲間たち

東習志野小の吹奏楽部員になったハルカだが、やはり女子が圧倒的多数《あっとうてきたすう》の部活にはなかなかなじめなかった。しかも、同学年の男子はひとりだけだった。

ハルカは家に帰ると両親にグチを言った。

「男が少なくて、肩身《かたみ》がせまいんだ。せっかく入ったけど、やっぱりやめようかな」

だが、そんなとき、救世主が現《あらわ》れた。

「なぁ、ハルカって吹奏楽部なんだろ？　オレも入ろうと思うんだけど」

そう話しかけてきたのは、同じクラスの髙橋一斗《タカハシカズト》だった。

カズトは明るくて、スポーツ万能《ばんのう》で、勉強もできるスーパーマンのような男子だった。

「えっ、カズトってサッカーやってるんじゃなかったっけ⁉」

ハルカは驚《おどろ》いて聞き返した。

「やってるのは学校の外のクラブチーム。部活では音楽やりたいんだ」

「マジで⁉　もちろん、大歓迎《だいかんげい》だよ！　放課後、一緒《いっしょ》に音楽室行こうぜ！」

ハルカは喜び勇《いさ》んでカズトを音楽室へ連れていった。心の中では「絶対《ぜったい》こいつを逃《のが》してなるものか！」と思いながら。

カズトは無事に入部を決意してくれた。

担当《たんとう》になったのはトロンボーン。チューバと同じ金管楽器だ。トランペットのように高い音が出る高音楽器とチューバのような低音楽器の間の音が出る中音楽器。スライドと呼《よ》ばれるU字型のパーツを前後に動かして音を変えるのが特徴《とくちょう》だ。

ハルカとカズトはすぐに仲よくなり、部活のときはいつも一緒にいた。

練習もするけれど、ふざけてさわぐこともあり、そのたびに女子部員に怒《おこ》られた。

「ハルカってホント、ランドセルが似合《にあ》わないよな〜」

カズトはよくそう言ってハルカをからかった。

中学生並《な》みに体が大きいハルカには、ランドセルも黄色い校帽《こうぼう》も不釣《ふつ》り合いだった。

「でもさ、体はでかいけど、心は小学生じゃん。名探偵《めいたんてい》コナンの反対だ」

「うるさいんだよ！　頭からチューバかぶせるぞ？」

「おっ、トロンボーンのスライドでぶっとばすぞ？」

いつもそんな冗談《じょうだん》を言いあって笑っていた。

カズトが入ってくれたおかげで、ハルカは部活が楽しくて仕方なくなった。たまにカズトがサッカーチームの練習で部活に来ないと、ハルカはしょんぼりしていた。

ふたりは、音楽の面ではお互《たが》いに高め合える関係だった。

カズトは何をするにも飲みこみが早かった。トロンボーンの演奏《えんそう》はどんどん上達していったし、楽譜《がくふ》の理解《りかい》も早かった。冨田《とみた》先生から「もっとこうしなさい」と指示《しじ》が出ると、すぐに修正《しゅうせい》して吹《ふ》くこともできた。

「カズトってすげえな。でも、オレも負けないぞ！」

カズトから刺激《しげき》をもらい、ハルカは燃《も》えた。

ハルカがバリバリ練習して上達すると、今度はそれに対抗《たいこう》するかのようにカズトが練習を重ねて上手になる。

その一方、ハルカがうまく演奏《えんそう》できないところがあると、「どうした？　一緒《いっしょ》に吹《ふ》いてみようか？」と手を差しのべてくれるのもカズトだった。

ふたりはいちばんの親友であり、尊敬《そんけい》する仲間であり、また、ライバルでもあった。


ハルカと同学年で吹奏楽部《すいそうがくぶ》に入部した者の中に、「リコ」こと小池理子《コイケリコ》、「ホノカ」こと成松歩歌《ナリマツホノカ》というふたりの女子がいた。

リコとホノカはこの先、高校を卒業するまで9年間、ハルカと一緒に吹奏楽を続けていくことになるのだが、この時点ではまだ誰《だれ》もそんな未来のことを知りもしなかった。

リコはもともと音楽にも吹奏楽にも興味《きょうみ》はなかった。

「吹奏楽部に入りたいけど、ひとりだと行きづらいからついてきて」

そう友達に誘《さそ》われるまま音楽室に来た。

そこで、上級生に「吹奏楽楽しいよ」「一緒にやろう」と誘われ、「そこまで言うならやってみようかな」と入部を決めた。

担当《たんとう》することになったのは、トランペット。ソロ（ひとりで演奏する目立つ部分）やメロディを吹くことが多い吹奏楽の花形楽器だ。

「トランペット吹くの、けっこうおもしろいかも！」

最初はまったく興味がなかったのに、リコはあっという間に楽器を演奏することや部活に参加することに夢中《むちゅう》になっていった。

一方、ホノカのほうは小４になるまえから「早く吹奏楽部に入ってサックスを吹きたい！」とずっと思っていた。

サックスとは、管体のほとんどが金属《きんぞく》でできていながら木管楽器に分類され、正式にはサクソフォンという。吹奏楽ではソプラノ、アルト、テナー、バリトンという大小４種類のサックスが使われることが多く、よく響《ひび》く華《はな》やかな音色《おんしょく》を持つ人気の楽器だ。

ホノカの母と兄は習志野高校の卒業生で、ともに吹奏楽部出身。さらに、姉は習志野高校吹奏楽部のサックス奏者として活躍《かつやく》していた。

「私《わたし》もお母さんやお姉ちゃんたちみたいに吹奏楽部で活躍したいなぁ」

そう思うようになったのは自然なことだった。

地元の習志野市立《ならしのしりつ》習志野高校吹奏楽部は全国屈指《くっし》の楽団《バンド》としてその名を知られていた。

「吹奏楽《すいそうがく》の甲子園《こうしえん》」と呼《よ》ばれている全日本吹奏楽コンクールに毎年のように出場し、最高賞の金賞も何度も受賞している。それだけでなく、演奏《えんそう》しながら行進やパフォーマンスをするマーチングでもやはり全国トップレベル。野球部の応援演奏《おうえんえんそう》がすごいことでも有名で、よくテレビなどでも取り上げられていた。

ホノカは吹奏楽部に入るまえから習志野高校吹奏楽部のコンサートを聴《き》きにいっていた。習志野高校野球部が夏の甲子園（全国高等学校野球選手権大会）に出場したときには、親に連れられて甲子園球場まで行った。そして、試合を見ながら、球場のスタンドで繰《く》り広げられる吹奏楽部の応援演奏を聴いた。

夏の太陽を浴びて、汗《あせ》をかきながらサックスを吹《ふ》く姉の姿《すがた》は誰《だれ》よりも輝《かがや》いて見えた。ホノカにとっては姉は自慢《じまん》であり、憧《あこが》れの存在《そんざい》だった。

だが、それ以上にホノカの心を揺《ゆ》さぶったのは、習志野高校吹奏楽部が奏《かな》でる「美爆《びばく》音《おん》」だった。

（なにこれ⁉　音がすごすぎるよ！）

とどろく応援演奏は、まるで大きなクジラのようにホノカの全身をのみこみ、肌《はだ》をふるわせた。

こんなにボリュームが大きい音楽を聴くのは初めてだ。コンサートでクラシックの曲を演奏するときの美しいサウンドとは全然違《ちが》っているように感じられた。

（ううん、やっぱり違ってない。習高《ならこう》の音は、応援でもすごくきれい……）

約２００人の部員たちが全力で音を出している。甲子園をふるわせるような「爆音」だ。でも、その根っこにある「美しさ」にホノカは気づいたのだ。

習志野高校の応援が「美爆音」と呼ばれているのも、まさにそのためだった。

それ以来、ホノカは習志野高校吹奏楽部のコンサートの演奏、応援の演奏、どちらも大好きになった。

（私《わたし》、小学校で吹奏楽部に入って、中学校でも続けて、習高の吹奏楽部で活躍《かつやく》するぞ！）

ホノカはそう目標を決めた。

「お姉ちゃん。私、小学校で吹奏楽部に入るから、サックス教えて！」

４年生になったホノカは姉に頼《たの》んだ。そして、サックスの基本的《きほんてき》な吹き方を教えてもらった。吹奏楽をやるなら、絶対《ぜったい》に姉と同じアルトサックスがいい。

実際《じっさい》に吹いてみると、サックスの演奏は思っていたよりずっと難《むずか》しかった。

（お姉ちゃんみたいにカッコよく吹くのって大変なんだ……。私もいっぱい練習しなきゃ！）

翌日《よくじつ》、ホノカは音楽室へ行った。

「私《わたし》、サックス希望です！」

ホノカは冨田《とみた》先生の前でアルトサックスを吹《ふ》いてみせた。一夜漬《いちやづ》けでは、上手には吹けなかった。それでも、アルトサックスを担当《たんとう》させてもらえることになった。

（やったぁ！　絶対《ぜったい》上手になって、行くぞ、習高！）

喜びに輝《かがや》くホノカの視線《しせん》の先には、ステージや甲子園《こうしえん》のスタンドでサックスを吹く自分の姿《すがた》がぼんやり浮《う》かんでいた。


エンジョイ吹奏楽《すいそうがく》！


吹奏楽とは、さまざまな楽器を使ってつくり上げられる音楽だ。

フルート・クラリネット・サックス・オーボエなどを「木管楽器《もっかんがっき》」と呼《よ》ぶ。トランペット・トロンボーン・ホルン・ユーフォニアム・チューバなどは「金管楽器《きんかんがっき》」だ。小太鼓《スネアドラム》・大太鼓《バスドラム》・マリンバ・ビブラフォン・ティンパニなど、叩《たた》いて音を出す楽器は「打楽器《パーカッション》」と呼ばれている。他に、オーケストラでも使われる「弦楽器《げんがっき》」のコントラバスもある。たくさんの楽器の音が集まって「ひとつの音楽」を奏《かな》でるのだ。

みんなで演奏《えんそう》することを「合奏《がっそう》」と呼ぶ。奏者《そうしゃ》一人ひとりの技術力《ぎじゅつりょく》には差があるし、表《ひょう》現《げん》の仕方の違《ちが》いもある。曲に慣《な》れないうちはミスも出る。息が合わないこともある。

みんなの演奏が「ひとつの音楽」として聞こえるようにするのは簡単《かんたん》なことではない。けれど、だからこそ、合奏で「ひとつの音楽」ができ上がったときの喜びは計り知れない。

吹奏楽では、クラシック音楽のような芸術性《げいじゅつせい》の高い曲も演奏すれば、人気のＪポップやアニメソング、演歌《えんか》や民謡《みんよう》なども演奏する。扱《あつか》うジャンルの幅広《はばひろ》さは吹奏楽の魅力《みりょく》のひとつだ。

東習志野小学校は吹奏楽コンクールに出場していた。毎年１回行われる吹奏楽界最大のイベントで、小学校、中学校、高校、大学、職場《しょくば》・一般《いっぱん》の部がある。

コンクールに出るときは、芸術性の高い曲を演奏する。ハルカたちが４年生のときは《斑鳩《いかるが》の空》という曲だった。

それ以外に、合奏の基本《きほん》が身につく《ステップ・バイ・ステップ》という曲も演奏したし、当時流行《りゅうこう》していたボーカロイドの曲を演奏することもあった。曲は、《千本桜《せんぼんざくら》》や

《カゲロウデイズ》などだ。

トランペットのリコは、ボーカロイドの曲をよく知らなかった。まだ楽器にも慣《な》れていないし、知らない曲を演奏《えんそう》するのは見たことのない動物の絵を描《か》くみたいに難《むずか》しかった。けれど、少しずつ楽譜《がくふ》どおりに吹《ふ》けるようになり、合奏で音楽ができあがっていくと、ノリがよくて楽しい曲だということがわかった。

（ボカロってけっこういいかも！）

リコはトランペットを吹きながら、リズムに合わせて自然に体が動くのを感じた。

部活で演奏する曲はどれも好きになった。今まで聴《き》くだけだった曲を自分自身で演奏できる喜び、最初はうまく演奏できなかった曲が練習を重ねるうちにできるようになっていく喜びを、リコは味わった。それはハルカやカズト、ホノカたちも同じだった。


その日は日曜日で、音楽室では吹奏楽部《すいそうがくぶ》の練習が行われていた。

当時、小学生の間では携帯《けいたい》ゲーム機が流行《はや》っていた。

吹奏楽部では、平日はもちろん、休日の練習にもゲーム機を持ってきてはいけないという決まりがあった。

だがその日、ヤンチャなハルカとカズトはこっそりバッグにゲーム機を忍《しの》ばせてきていた。

練習の途中《とちゅう》で10分間の休憩《きゅうけい》時間になると、ふたりは大急ぎでゲーム機を持ってトイレに行き、ひとつの個室《こしつ》に一緒《いっしょ》に入った。協力プレイでモンスターを倒《たお》すのだ。

「よっしゃ、いけ！　いけ！」

「ハルカ、後ろに回りこんで攻撃《こうげき》しろ！」

ふたりはゲームに熱中した。もう少しで強敵《きょうてき》を倒せそうだった。

そのときだ。静かなトイレに、ガチャッとドアが開く音が響《ひび》いた。

「ヤバい！」

ふたりは真っ青になり、すぐにゲームにポーズをかけた。そして、じっと個室の外の様子をうかがった。

（誰《だれ》が入ってきたんだろう……？）

（とにかく、今は静かにしていようぜ）

ハルカとカズトは目でそう伝えあった。

ペタペタという足音、そして、用を足す音が聞こえてきた。

誰《だれ》だかわからないその人物は鼻歌を歌っていた。

ふふふん、ふん、ふふん……。

それは《千本桜《せんぼんざくら》》だった。

（あの声、冨田《とみた》先生だ！）

ハルカとカズトはさらに青くなった。

もしもここでゲームをしていたことがバレたら、ただでは済《す》まない。怒《おこ》られるだけならまだしも、大好きな部活をやめさせられてしまうかもしれない。親に言いつけられたら絶体絶命《ぜったいぜつめい》だ。ゲーム機も取り上げられてしまうかもしれない。

（カズト、物音を立てるなよ！）

（ハルカこそ身動きするなよな！）

ふたりは息を殺し、石のように固まっていた。

先生はそんなことも知らず、やがて《千本桜》を歌いながらトイレを出ていった。

「プハーッ！」

「セーフ！」

ハルカとカズトはなんとかピンチを乗りこえた。

「休憩《きゅうけい》時間も終わりだし、オレたちも早く練習に戻《もど》ろうぜ！」

「よっしゃ！」

ふたりは個室《こしつ》を出ると、先生のあとを追うように小走りに音楽室へ戻っていった。

ふふふん、ふふん、ふふん、ふふん……と《千本桜》を鼻歌で歌いながら。


吹奏楽部《すいそうがくぶ》には、ハルカが思っていたよりもたくさんのイベントがあった。

夏にサマーコンサートを開いたり、地元・習志野《ならしの》のお祭りで演奏《えんそう》したり、パレードで行進したりした。

想像《そうぞう》していた以上に吹奏楽部は忙《いそが》しかったけれど、どのイベントも楽しかった。

初めて出場した吹奏楽コンクールは「真剣勝負《しんけんしょうぶ》の場」という感じがして緊張《きんちょう》した。

会場には、ハルカの両親が来てくれた。

《斑鳩《いかるが》の空》を演奏し終わった後、ハルカは両親に「どうだった⁉」と聞いた。

母は笑みを浮《う》かべてこう言った。

「すごかったじゃない！　最初から最後までじっと座《すわ》っていられるなんて！」

「え～、そこ⁉」

演奏《えんそう》の感想が聞きたかったハルカはがっかりした。

けれど、よく考えてみれば、吹奏楽部《すいそうがくぶ》に入るまでの自分はまったく落ち着きがない子どもだった。授業中《じゅぎょうちゅう》はうるさかったし、勝手に立ち歩いて先生に叱《しか》られることもあった。

でも、部活では当たりまえのようにずっと座《すわ》ってチューバを吹《ふ》いている。

「吹奏楽が楽しいからかな？　それとも、オレが成長したってことかな？」

ちょっと大人になれたようで嬉《うれ》しかった。

「ハルカ、なにニヤついてんだよ？」とカズトが話しかけてきた。

「オレ、大人になったからさ。カズトも早く成長しろよ」

ハルカは上から目線で言った。

「よく言うぜ。相変わらず体はチューバ、心はピッコロじゃん」

カズトはいちばん小さな木管楽器の名前を出し、ハルカをからかった。

「なんだと！」

ハルカとカズトは追いかけっこを始めた。

「こら、そこ！」と先生の怒声《どせい》が飛んだ。

ふたりはその場で直立不動になった。

「ハルカ、やっぱ変わってねーな」

「おまえもな」

ふたりは顔を見合わせ、いたずらっぽく笑いあった。

習志野《ならしの》は「音楽のまち」

吹奏楽部に入って2年が経《た》ち、ハルカたちは小学6年生になった。

その間、いろいろな変化があった。

5年生のときには、カズトの楽器がトロンボーンからチューバに変わった。上級生が卒業し、チューバがハルカひとりになってしまったためだ。

親友同士が隣《となり》に並《なら》んで演奏することになった。

ふたりは以前よりもさらに仲よくなり、いつもふざけあっていた。

その一方、同じ楽器のライバルとして、真剣《しんけん》に演奏の腕《うで》を競いあった。

「オレのほうが先にチューバやってたんだから、カズトに抜《ぬ》かれるわけにはいかないぞ！」

ハルカはいつもそうやって自分に気合を入れ、練習に打ちこんだ。

カズトのほうは、持ち前の飲みこみの早さであっという間にチューバも上達した。

ふたりの競争に引っぱられるように、まわりの部員たちも練習を重ね、東習志野小吹奏《すいそう》楽部《がくぶ》のレベルは上がっていった。

ハルカの身長はさらに伸《の》び、6年生になったときには170センチを超《こ》えていた。

そして、吹奏楽部の副部長にも選ばれた。部長を支《ささ》え、部員たちをまとめる役割《やくわり》だ。後《こう》輩《はい》たちの面倒《めんどう》もみなければならない。

(部活のリーダーのひとりになったんだ。ふざけてばっかりじゃダメだな)

ハルカの中に少しずつ責任感《せきにんかん》が芽生えていった。

アルトサックスを担当《たんとう》しているホノカにも成長が見られた。

「ホノカっていつも笑ってるよね」

4年生で入部したばかりのころ、よくまわりの部員にそう言われた。

けれど、それは本当の笑顔ではなかった。

ホノカはまじめすぎるほどまじめな性格《せいかく》。そして、人見知りだった。

相手の年齢《ねんれい》に関係なく、人と接《せっ》するのが苦手。人見知りの自分を隠《かく》すために、なるべく笑顔でいるようにしていたのだ。

だから、「ホノカっていつも笑ってるよね」と言われたときは、心がチクッとした。

しかし、吹奏楽部ではたくさんの部員と一緒《いっしょ》に活動しなければならない。

4年生のころは上級生たちに教えてもらい、自分が上級生になると今度は逆《ぎゃく》に下級生の面倒をみることになった。練習のことなどで先生と話し合うこともあった。

「吹奏楽部って人付き合いがしんどいなぁ……」

ホノカは何度もそう思った。

「でも、習高に行ったら、もっともっとたくさんの部員と関わりあうことになるんだ。今のうちにこの弱点をどうにかしなきゃ」

習志野高校吹奏楽部に入って活躍《かつやく》する、という夢《ゆめ》のため、ホノカは自分から積極的にまわりの人と話すようにした。

助けてくれたのは音楽だ。合奏は、音と音でコミュニケーションするものだとホノカは気づいた。

（次の出だし、音を合わせよう！）

（ここのメロディってカッコいいよね）

（今、ハーモニーがきれいにそろって気持ちよかった！）

みんなで演奏《えんそう》しながら、音楽室にはそんな「音の会話」が飛び交っていた。楽しい合奏ができたあとは、普通《ふつう》の会話もはずんだ。

そうやってホノカは少しずつ人見知りを克服《こくふく》していった。

6年生になったホノカは、部員はもちろん、初対面の相手と話をすることも苦痛《くつう》に感じなくなった。

「ホノカっていつも笑ってるよね」

相変わらず、ときどきそう言われることがある。でも、もう心はチクッとしなかった。なぜなら、ホノカは心から笑っていたからだ。サックスの音も前より明るくなっていた。

ハルカたちが暮《く》らしている千葉県習志野市《ちばけんならしのし》は「音楽のまち」と呼《よ》ばれている。市内の学校の吹奏楽部《すいそうがくぶ》は、全日本吹奏楽コンクールや全日本マーチングコンテストなどさまざまな全国大会で毎年のように優秀《ゆうしゅう》な成績《せいせき》を残していた。そんな吹奏楽部を、多くの市民が応援《おうえん》していた。数多くの音楽団体《おんがくだんたい》も活動している。

音楽がとても盛《さか》んで、市民に愛されているまちなのだ。

その中で中心的な役割《やくわり》を担《にな》っているのが、習志野高校吹奏楽部だった。

各種大会で活躍《かつやく》するだけでなく、市内のイベントに多数出演し、「音楽のまち」を盛《も》り上げている。また、習志野高校の部員たちが持っている全国トップレベルの演奏テクニックを市内の中学生や小学生に教え、まち全体のレベルを上げる試みも行われていた。

そのひとつに、「習志野市小学校管楽器講座《ならしのししょうがっこうかんがっきこうざ》」があった。

習志野高校吹奏楽部の３年生が「先生」となり、市内の小学校の６年生を集めて、楽器ごとのレッスンや合同演奏の指導《しどう》をするのだ。

会場はハルカたちの東習志野小で、年間10回の講座が行われる。そして、みんなで練習した曲を、卒業シーズンの３月に「ならしの学校音楽祭」でお披露目《ひろめ》するのだ。

ハルカたちも６年生になったので、管楽器講座に参加することになった。

そのとき、ハルカは習志野高校が吹奏楽の名門だとは知らなかった。単に「家から歩いて10分くらいの近所にある高校」だと思っていた。リコにいたっては、習志野高校の存在《そんざい》すら知らなかった。

習志野高校吹奏楽部に入ることを目標にしているホノカだけが、「習高の先輩《せんぱい》たちに教えてもらえるんだ！」とテンションがあがっていた。

管楽器講座《かんがっきこうざ》の第1回目が行われる日曜日。市内の各地域《かくちいき》から楽器を持った6年生が東習志野小に集まってきた。

まずは楽器ごとに教室に分かれ、習志野高校の吹奏楽部員《すいそうがくぶいん》からレッスンを受ける。まわりは初対面の人ばかりだし、高校生は大人のように見えるため、小学生たちはみんな緊張《きんちょう》していた。

ハルカは、チューバのレッスンが行われる教室に入っていった。そこには他の小学校から来たチューバ奏者《そうしゃ》が5人ほどいた。指導《しどう》にあたる習志野高校の部員も数名集まっていた。

（へぇ、チューバやってる人ってこんなにいるのか）

ハルカは純粋《じゅんすい》に驚《おどろ》いた。

仲間を発見したみたいな嬉《うれ》しさを感じる一方、「みんなどれくらいうまいんだろう？負けたくないな」という対抗意識《たいこういしき》も芽生えた。

みんなで輪になってすわり、練習が始まった。

最初は、基礎練習《きそれんしゅう》だ。まず習高生がお手本の演奏《えんそう》をしたあと、小学生がそれに近づけるようにチューバを吹《ふ》く。

ハルカは習高生の出す音にびっくりした。

（チューバにこんな優《やさ》しくて柔《やわ》らかい音が出せるの⁉　習高ってすごいんだ……）

自分ではうまくなった気でいたけれど、習高生と比《くら》べたら天と地ほどの差があった。

（オレもこの人たちみたいに上手になりたい！）

ハルカは習高生から少しでも多くのことを吸収《きゅうしゅう》しようと、真剣《しんけん》に練習に取り組んだ。

一方、一緒《いっしょ》に参加している小学生の中に気になる女子がいた。初めて見る子だ。

（オレみたいに体がでかくなくてもチューバ吹けるんだな）

その女の子は、特につらそうな様子も見せずにチューバを奏《かな》でていた。

それだけではない。ハルカに負けないくらいの音量が出ていたし、速いパッセージ（音の連なり）も巧《たく》みに吹きこなしていた。

（この子、かなりうまいぞ。でも、オレだって！）

ハルカは密《ひそ》かにその女子をライバル視《し》しながらチューバを吹いた。

実は、女の子のほうでもハルカを意識していた。

（この男の子、体おっきくてチューバ向きだし、けっこううまいなぁ）

女の子は、教室に入ってきたときのハルカの姿《すがた》を思い出した。大きな体の上にちょこんとのっかった黄色い帽子《ぼうし》がやけに可愛《かわい》く見えた。

（あんなに校帽が似合《にあ》わない子、他にいないかも！）

女の子は吹《ふ》き出しそうになるのをこらえた。

4年後、ふたりは習志野高校吹奏楽部《すいそうがくぶ》で再会《さいかい》することになるのだが、このときはお互《たが》い名前も知らないままだった。

楽器ごとのレッスンの時間が終わると、小学生たちは体育館に集められた。最後に全員で合奏の練習をするのだ。

集まった小学生は約200人。そこに習志野高校の吹奏楽部員も加わり、一緒《いっしょ》に演奏《えんそう》する。誰《だれ》もが経験《けいけん》したことがないほどの大合奏だった。

指揮台《しきだい》に上がったのは、習志野高校吹奏楽部の部長の男子だった。指揮をする姿《すがた》も、みんなに指示《しじ》を出す言葉も、まるで音楽の先生のようだった。

「カッコいいな。オレもあんなふうになれたら……」

ハルカは憧《あこが》れを抱《いだ》いた。

その日を境《さかい》に、ハルカの心の中に「習志野高校」という存在《そんざい》がふくらみ始めた。

「美爆音《びばくおん》」に魅《み》せられて

夏が過《す》ぎ、秋になった。

管楽器講座《かんがっきこうざ》で習志野高校のすごさを知ったハルカは、初めて習志野高校の定期演奏会《ていきえんそうかい》を見にいってみた。

定期演奏会とは、毎年1～2回行われる各学校独自《どくじ》のコンサートのこと。その年の活動の集大成となるイベントだ。そして、それが3年生のラストステージになるという学校も多く、たくさんの聴衆《ちょうしゅう》が詰《つ》めかけて盛《も》り上がる。

特に、習志野高校のように全国的に有名な学校の定期演奏会はチケットを取るのも大変なほどの人気だ。

ハルカは超満員《ちょうまんいん》の客席の一角に腰《こし》を下ろし、コンサートを鑑賞《かんしょう》した。

そして、圧倒《あっとう》された。

座奏《ざそう》（座《すわ》って演奏すること）はプロのようにうまかった。演奏に合わせて披露《ひろう》される合唱やダンスにも魅了《みりょう》された。すべてが一流だった。

「これが習志野高校なのか！　神レベルじゃん！」

ハルカは食い入るようにコンサートを観た。時間が過《す》ぎるのも忘《わす》れるほどだった。

そして、いよいよ終演間近《しゅうえんまぢか》というとき、《レッツゴー習志野》の演奏《えんそう》が始まった。《レッツゴー習志野》は習志野高校吹奏楽部《すいそうがくぶ》が運動部を応援《おうえん》するときの定番曲で、吹奏楽部の代名詞《だいめいし》でもあった。もちろん、高校野球の応援でも演奏される。

ダンダンダダン、ダダダダ、ダダン！

打楽器《パーカッション》が激《はげ》しく鳴りひびくと、続いてみんながこう叫《さけ》ぶ。

「レッツゴー！」

そして、部員たちは楽器をかまえ、演奏が爆発《ばくはつ》する。すごい音量だ。けれど、騒《さわ》がしいわけではない。やっぱり美しい――。

ハルカが初めて経験《けいけん》する「美爆音《びばくおん》」だった。

まわりの観客が手拍子《てびょうし》しているのを真似《まね》て、ハルカも手拍子をした。

一緒《いっしょ》に「レッツゴー！」と叫んだ。

吹奏楽の響《ひび》きでホール全体が――いや、習志野というまちがひとつになっているような気がした。美爆音にはそれほどのパワーがあった。

「オレ、絶対《ぜったい》に習志野高校に入って吹奏楽をやる！」

ハルカはそう心に決めた。

めざすべき道が見えた瞬間《しゅんかん》だった。


吹奏楽を始めてからあっという間に3年が経《た》ち、ハルカたちは卒業のときを迎《むか》えた。

小学校の卒業アルバムには寄《よ》せ書きができるページがあった。

「ハルカ、何か書いてよ」

ホノカがアルバムとペンを持ってやってきた。

「そういえば、ホノカって習志野高校に行きたいって言ってたよな？」

「うん。どうして？」

ハルカはニヤッと笑うと、力強い文字でこう書いた。

『習高でもよろしく！』

♪第2楽章　「夢《ゆめ》の全国大会」への壁《かべ》

初めて知った吹奏楽《すいそうがく》の厳《きび》しさ

ハルカは、似合《にあ》わなかった黄色い帽子《ぼうし》とランドセルにようやくさよならし、黒い学ランを身に着けて習志野市立第四中学校《ならしのしりつだいよんちゅうがっこう》に通うようになった。

しかし、同級生の中でも飛びぬけて体が大きいハルカは、学ランを着ると中学生というより高校生に見えた。

ハルカとホノカ、リコはすぐに吹奏楽部《すいそうがくぶ》に入部した。

ハルカは野球部やバスケットボール部などの運動部からも誘《さそ》いを受けたが、迷《まよ》いはなかった。ホノカは習志野高校吹奏楽部をめざすという目標は変わっていなかったし、リコ

も中学校の吹奏楽部でもっとトランペットをうまく吹《ふ》けるようになりたいと思っていた。

ただ、カズトだけは違《ちが》った。

「ハルカたちには悪いけど、オレは吹奏楽部はナシだな」

カズトは密《ひそ》かにそう思っていた。

小学校のころのように楽器を吹くことも、ハルカとじゃれ合ってワイワイやることも楽しかった。

でも、ずっとサッカーも続けてきていたし、中学では運動部に入って思いきり体を動かしたかった。

「とりあえず、サッカー部とか野球部とか、いくつか体験入部してみるか！」

ところが、そんなふうに考えていた矢先、カズトは怪我《けが》をしてしまった。

動くと痛《いた》みもあったし、医者からは「しばらく激《はげ》しい運動をしないように」と注意を受けた。これでは運動部の練習には参加できない。

「しょうがないな。ひまつぶしに吹奏楽部でものぞいて、ハルカを冷やかそう」

入部するつもりはまったくなかったが、カズトは音楽室へ足を運んでみた。そして、廊《ろう》下《か》から中をのぞきこんだ。

そこにはカズトが知っている吹奏楽部《すいそうがくぶ》とは違《ちが》う世界があった。

「それぞれ教室に分かれてパート練習です。17時には音楽室に集合してください」

「はい！」

「パートリーダー、1年生の面倒《めんどう》みてあげて～」

「はい！」

部長らしい先輩《せんぱい》が的確《てきかく》に指示《しじ》を出し、部員たちは大きな声で返事をしていた。

（へぇ、先生じゃなくて部員中心で部活を動かしてるのか……）

中学生は体が大きいだけではない。

動きはキビキビしているし、ふざけている者は誰《だれ》もいない。会話は「よろしくお願いします」「すみません」と丁寧語《ていねいご》。音楽室にはピリッとした空気が流れていた。

人によっては「きびしそう」「こわそう」などと感じる者もいるかもしれない。でも、カズトはそうは思わなかった。

（運動部みたいでいいじゃん）

ずっとサッカーをやってきたカズトにとって、習志野《ならしの》四中《よんちゅう》吹奏楽部の真剣《しんけん》な雰囲気《ふんいき》はむしろ好印象《こういんしょう》だった。

（ここなら入ってみてもいいかな？　でも、運動部にするって決めてたし……）

カズトが廊下《ろうか》に立ったまま悩《なや》んでいると、ちょうどチューバを抱《かか》えたハルカが音楽室から出てきた。

「おう、カズト！　なかなか来ないから、どうしたのかと思ってたよ」

「うん。まあ……」

「まず先生のところで入部届《にゅうぶとどけ》を出さなきゃ。ほら、来いよ！」

ハルカは、カズトが吹奏楽部に入るものだと思いこんでいる。

カズトがためらっていると、音楽室から楽器の音が聞こえてきた。楽器を温めるために音出しをしたり、基礎練習《きそれんしゅう》をしたりしているだけなのに、明らかに東習志野小で自分たちがやっていた吹奏楽とは質《しつ》が違うのがわかった。

（くやしいけど、やっぱり中学生はうまい）

カズトの中で燃《も》えてくるものがあった。

自分ももっとうまくなりたい。上手な先輩たちと肩《かた》をならべて演奏《えんそう》したい。

（結局、吹奏楽部に入るのがオレの運命なのかな……）

そう思うと、自然と笑みがこぼれた。

「なにひとりで笑ってんだよ。気持ち悪いやつだな〜」とハルカが言った。

「うるせー。気持ち悪さだったら、ハルカも負けてねーだろ?」

すると、ハルカが急に心配そうな顔になってたずねた。

「カズト。入るよな、吹奏楽部《すいそうがくぶ》?」

カズトはもう一度音楽室の中を見わたした。

そして、ハルカに向かってニッと笑った。

「当たりまえだろ! そのためにここに来たんだから!」


ホノカは少しとまどっていた。

(中学校の吹奏楽部って、小学校とこんなに違《ちが》うのね……)

おっとりした性格《せいかく》のホノカは、上級生たちの素早《すばや》い行動になかなかついていけなかった。

「パート練習は教室に移動《いどう》してやるから。ほら、ナリマツ、ボーッとしないで!」

「あっ、はい……せ、先輩《せんぱい》……」

この「先輩」という言葉も小学校のころには使ったことがなかった。

中学校では先輩には敬語《けいご》で話し、あいさつもしっかりやらないといけない。これがなかなかなか難《むずか》しい。

でも、ホノカには習志野高校吹奏楽部に入るという目標があった。中学校でついていけなかったら、習志野高校で活躍《かつやく》するのはむずかしいだろう。

「習高に入るまでにいっぱいレベルアップするんだ！　私《わたし》、がんばる！」

ホノカは小さく拳《こぶし》を握《にぎ》りしめた。

一方、トランペットのリコは練習方法の違いになじめなかった。

習志野四中では基礎練習《きそれんしゅう》に力を入れていた。

部内には「基礎合奏係」がいて、顧問《こもん》の先生がやってくるまえにチューニングをしたり、ロングトーンをしたり、歌を歌って音程《おんてい》やハーモニーを鍛《きた》えたりした。

それが毎日２時間以上！

（基礎って同じことの繰《く》り返しでつまんないなぁ。曲が吹《ふ》きたいよ……）

リコは内心そう思っていた。

（こんなに吹き続けてたら、唇《くちびる》が死んじゃいそう）

トランペットを長時間吹き続けると唇が疲《つか》れたり、痛《いた》くなったりするのだ。

リコは基礎練習だけで唇がバテてしまい、顧問の先生が来て合奏練習が始まるころには、まともに楽器を鳴らせなくなってしまった。

けれど、一週間、一か月と部活を続けていくうちに自分自身の変化に気がついた。

(なんか安定して音を出せるようになってきた気がする。唇《くちびる》も前よりバテなくなってきたし。これって基礎練習《きそれんしゅう》のおかげなのかも?)

基礎練習の大切さに気がつくと、もう「つまらない」とは思わなくなった。地道に練習を続けて上達し、吹奏楽部《すいそうがくぶ》の中で活躍《かつやく》していきたいとリコは思うようになった。


習志野四中吹奏楽部の目の前には、大きな大きな目標があった。

「吹奏楽の甲子園《こうしえん》」と呼《よ》ばれる全日本吹奏楽コンクール(全国大会)への出場を果たすこと。日本中の吹奏楽部員たちが夢見《ゆめみ》る最高の舞台《ぶたい》だ。

実は、かつて習志野四中は全日本吹奏楽コンクールに一度だけ出場したことがある。しかも、結果は最高賞の金賞だった。

習志野四中の歴史に燦然《さんぜん》とかがやくその年、顧問《こもん》として指揮《しき》を振《ふ》っていたのは石津谷治《いしづやはる》法《のり》先生だった。そう、現在《げんざい》の習志野高校吹奏楽部の顧問だ。

石津谷先生はその後、習志野高校に異動《いどう》し、中学校以上の激戦《げきせん》である高校の部で毎年のように全国大会に出場。金賞を何度も受賞してきた。

その石津谷先生がつくった歴史に並《なら》ぶことを目標に、習志野四中吹奏楽部は練習を重ねていたのだった。

ハルカは小６のとき、習志野高校の定期演奏会《ていきえんそうかい》で石津谷先生が指揮をしたり、しゃべったりしている姿《すがた》を遠目で見ていた。普通《ふつう》の先生とは違《ちが》うユニークな人だなという印象はあったけれど、それくらいしかわからなかった。

「石津谷先生って本当はどんな人なんだろう」

いずれ自分が指導《しどう》を受けるかもしれない先生のことをハルカはあれこれ想像《そうぞう》していた。

そんなある日、習志野高校と合同練習をすることになり、石津谷先生が習志野四中にやってきた。

「あれが石津谷先生か！」

ハルカは驚《おどろ》いた。

年齢《ねんれい》は五十代くらいだろうか。短髪《たんぱつ》で、ニコニコ笑っているけれど、色の入ったサングラスのようなメガネをかけてヨタヨタ歩いている。ちょっと不良っぽくてカッコいい。

「おもしろそうな先生だ。指導するときはこわいのかな……」

ハルカは憧《あこが》れの習志野高校の部員たちと一緒《いっしょ》に練習しながら、ときどき石津谷《いしづや》先生のほうをチラチラと観察した。

「いつか石津谷先生の指揮《しき》で、全日本吹奏楽《すいそうがく》コンクールで演奏《えんそう》できたらいいな」

その日、石津谷先生が指揮をしたり指導《しどう》したりすることはなかったが、ハルカの中では夢《ゆめ》がふくらんだ。

フランケン先生と全国大会へ！

日ごろ、習志野四中の吹奏楽部でハルカたちを指導してくれたのは村上円香《むらかみまどか》先生だ。村上先生はとても情熱的《じょうねつてき》だった。

目標とするのは全国大会出場。けれど、先生が本当に大切にしているのはそこではなかった。目標に向かって仲間たちと一緒に苦労し、努力を重ねることが部員たちの糧《かて》になる——そのためにあるのがコンクールであり、全国大会だと先生は考えていた。

いつも全力で、ときには厳《きび》しく指導してくれるムラカミ先生のことを部員たちはみんな慕《した》っていた。

吹奏楽コンクールは８月上旬《じょうじゅん》に始まり、千葉県大会、千葉県大会本選大会、東関東大会、と続いていく。それぞれの大会で代表校に選ばれると次の大会に出場できる、という流れだ。

９月上旬の東関東大会には千葉県・茨城県《いばらきけん》・神奈川県《かながわけん》・栃木県《とちぎけん》の４県から代表校が集まる。ここで東関東代表の３校に選ばれると、10月に愛知県名古屋市で行われる夢の全国大会に出場できるのだ。

その道のりは、考えただけでも気が遠くなるほど大変だ。

「人の心に響《ひび》く演奏をして、頂点《ちょうてん》をめざそう！」

村上先生はいつも力強く部員たちに訴《うった》えた。その熱意に引っぱられ、部員たちも必死に練習を重ねた。

村上先生は愛媛《えひめ》の出身で、感情がたかぶってくると愛媛弁《えひめべん》が飛び出すことがあった。

コンクール本番が近づいていたある日、練習中に先生がこう叫《さけ》んだ。

「じゃあ、そこからあなたたちだけで演奏して。私《わたし》、指揮ふらんけん！」

「えっ、フランケン⁉」

みんなはぎょっとした。

（なんで先生はフランケンシュタインの話なんてしたんだろう？）

ホノカもあっけに取られた。

頭の中にはフランケンシュタインの怪物《かいぶつ》の姿《すがた》が浮《う》かんでいた。それは他の部員たちも同じだった。

理解不能《りかいふのう》におちいって固まってしまった部員たちを、先生は不思議そうに見ながら言った。

「何しよるん？　はよ演奏《えんそう》しや！」

「あっ、もしかして……！」

ホノカは気づいた。そして、小声でまわりの部員に言った。

「ね、『ふらんけん』って『振《ふ》らないから』って意味じゃない？」

「そうかも！」

その話がみんなに伝わっていき、あちこちで「あぁ！」という声が上がった。

そして、部員たちだけで演奏すると、先生は満足そうにうなずいた。

「やっぱり愛媛《えひめ》の言葉だったんだ」とホノカは笑顔になった。

そのとき以来、部員たちは村上《むらかみ》先生のことを密《ひそ》かに「フランケン先生」と呼《よ》ぶようになった。

フランケン先生の熱い指導《しどう》のおかげで、その年、習志野四中は千葉県大会を突破《とっぱ》し、本選大会に出場。惜《お》しくもその先には進めなかったが、翌年以降《よくねんいこう》に希望を残す結果となった。

「よし、来年こそ、このくやしさを晴らそう！」

夢《ゆめ》の舞台《ぶたい》へ一歩近づいたハルカやホノカたちは、そう誓《ちか》ったのだった。


中２になると、ハルカたちは部活にも慣《な》れ、後輩《こうはい》もできて、ますます毎日が充実《じゅうじつ》した。

コンクールに向けて練習すると、楽器の演奏テクニックが上達し、上達すると音楽が楽しくなった。共通の目標に向かって一生懸命《いっしょうけんめい》になることで、部員たちの結束力も高まった。

この年、習志野四中はコンクールの千葉県大会、本選大会を突破し、東関東大会に出場することになった。前の年より一段階《いちだんかい》のステップアップだ。

東関東大会前、習志野四中はホールを使って本番さながらの練習をした。

ハルカは曲の中でどうしてもうまく演奏できない部分があり、苦戦した。

（もしかしてオレ、チューバの才能《さいのう》ないのかも……）

本番で失敗したらという不安も重なり、ハルカは心が折れそうになった。

そんなとき、ふいに見知らぬ人がやってきた。

「あっ、新妻《にいづま》先生！　わざわざありがとうございます！」

とフランケン先生があいさつをした。

それは、40年ほど前に無名だった習志野高校を全国屈指《くっし》のバンドに育て上げた新妻寛《にいづまひろし》先生だった。習志野高校の……というより、習志野市の伝説《レジェンド》の人だ。現在《げんざい》の習志野高校の石津谷《いしづや》先生も、新妻先生のつくり上げた伝統《でんとう》を引き継《つ》ぎ、発展《はってん》させてきている。

新妻先生は、鋭《するど》くも温かなまなざしで、しばらく習志野四中の練習の様子を眺《なが》めていた。

そして、フランケン先生に何かを話してからホールをあとにした。

（新妻先生、何を言っていたのかな……）

ハルカは気になったが、とにかく大会に向けて苦手な部分を克服《こくふく》しようと練習を続けた。

そして、習志野四中は東関東大会本番に出場した。フランケン先生の指揮《しき》のもと、ハルカたちは熱のこもった演奏《えんそう》を披露《ひろう》した。

審査結果《しんさけっか》は、金賞受賞！

だが、全国大会に出場できる代表3校には選ばれなかった。

（オレがもっと上手にチューバを吹《ふ》けていたら……）

ハルカは落ちこんだ。

大会の数日後、まだ東関東大会の結果を引きずっていた。

ある日、フランケン先生がハルカをマンツーマンで指導《しどう》してくれた。だが、ハルカはなかなか調子に乗れなかった。

「先生、すみません……」

ハルカはうなだれた。

すると、フランケン先生はほほえみながらこう言った。

「東関東大会の前のホール練習に新妻先生がいらっしゃっていたの、覚えてるでしょ？」

「はい……」

「新妻先生、言ってたよ。『あのチューバの男子を習高で育てたら、きっといい奏者に成長する』って」

「えっ、それマジっすか⁉」

ハルカは信じられなかった。

「本当よ。だから、もっと自信持って吹きなさい」

「はいっ！」

ハルカは天にものぼる心地になった。

（習志野《ならしの》の伝説《レジェンド》がオレを認《みと》めてくれたんだ！）

次にチューバに息を吹《ふ》きこんだとき、さっきまでとはまったく違《ちが》う、明るくてのびのびした音が響《ひび》いた。

最後の吹奏楽《すいそうがく》コンクール

中学生になって3回目の春が訪《おとず》れた。

ハルカやカズトたちにとっては中学生活最後の一年だ。

顧問《こもん》の先生やみんなの推薦《すいせん》でハルカは習志野四中吹奏楽部の部長に就任《しゅうにん》した。

小学校で副部長をやったことはあったけれど、中学校だと責任《せきにん》の重さが違う。

さすがにハルカも不安を覚え、ある朝、登校するまえに母に相談した。

「お母さん。オレ、部長になったんだけど、部長ってどうすればいいんだろう？」

「どうすればって？」

「う〜ん、部長に必要なこと、部長をやるうえで一番大事なことが何なのかイマイチわからないんだ」

「そうね。やっぱりみんなから信頼《しんらい》されることじゃない？」

「信頼か……。どうやったら信頼してもらえる？」

「態度《たいど》で示《しめ》すことよ。まず、自分が一生懸命《いっしょうけんめい》練習すること。言葉で『練習しろ！』って言うんじゃなくて、ハルカが誰《だれ》よりも練習していたら、みんなだって『自分もやらなきゃ！』って思うでしょ？　命令するだけがリーダーの仕事じゃないわよ」

「そっか！」

ハルカは目の前が明るくなった気がして、「お母さん、ありがと！　行ってきます！」

と元気よく家を出た。


言葉で言うより、行動で見せること。

ハルカは母にアドバイスされたとおり、ひたむきに練習し、誰よりも率先《そっせん》して行動した。

そのハルカの姿《すがた》を見て、同級生はもちろん、後輩《こうはい》たちもついてきてくれた。

ただ、ハルカには気にかかることがあった。

あるとき、カズトと進路について話をしたことがあった。

ハルカの第一志望《しぼう》はもちろん習志野高校だ。けれど、カズトは違《ちが》った。

「オレ、幕総《まくそう》に行こうと思うんだ」

カズトはハルカにそう打ち明けた。

幕総——千葉県立幕張総合高校《ちばけんりつまくはりそうごうこうこう》。

千葉市美浜区《みはまく》の進学校だ。

幕総にあるのは吹奏楽部《すいそうがくぶ》でなく、シンフォニックオーケストラ部だが、管楽器のメンバーを中心に吹奏楽コンクールにも参加しており、全日本吹奏楽コンクールに2回出場して2回とも金賞。習志野高校にとってはライバル校のひとつだった。

（高校ではカズトとは離《はな》ればなれになっちゃうのかな……）

毎日カズトと一緒《いっしょ》にチューバを吹《ふ》きながら、ときおりハルカは胸《むね》の真ん中を冷たい風が吹き抜《ぬ》けていくような気分になった。


夏が近づき、ハルカたちにとって中学生活最後のコンクールが間近にせまってきた。

フランケン先生も部員たちも「今年こそ全国大会へ！」という思いは共通していた。

けれど、ハルカは指導方法《しどうほうほう》や曲の表現方法《ひょうげんほうほう》をめぐり、たびたび先生とぶつかり合った。

反抗的《はんこうてき》な態度《たいど》を示《しめ》したこともあったし、帰宅《きたく》してからも電話で話しあったこともあった。

毎日が山あり谷ありだった。

リコはフランケン先生に、徹底的にトランペットの腕《うで》を鍛《きた》えられた。

この年、課題曲《マーチ・スカイブルー・ドリーム》にはトランペットのソロがあった。

それをリコが吹《ふ》くことになっていたのだ。

曲のクライマックス直前の目立つ部分であるだけに、演奏《えんそう》が成功するかどうかを左右する重要なソロだった。

「リコのソロで決まるけんね。はい、もう1回!」

フランケン先生は音楽室前の廊下《ろうか》で、一対一でリコを熱血指導《ねっけつしどう》した。

(ひとりだけとか、きついよ!)

リコは半泣きでトランペットを吹いた。

それでも必死にがんばったのは、「先生と一緒《いっしょ》に全国大会に行きたい」という思いがあったからだ。誰《だれ》よりも情熱的《じょうねつてき》で、誰よりも自分たちのことを思ってくれているフランケン先生を、リコは大好きだった。

リコや部員たちの必死の練習が実り、習志野四中は最初の千葉県大会を突破《とっぱ》。さらに、本選大会でも代表に選ばれた。

そして、全国大会出場をかけた東関東大会に挑《いど》んだ。

「これを先生との最後のコンクールの演奏にしたくない！　もう1回……全国大会で演奏したい！」

東関東大会のステージにあがった習志野四中の部員たちは先生の指揮《しき》に合わせ、全身全霊《ぜんしんぜんれい》で楽器を奏《かな》でた。

自分たちにとっては「すべてやりきった」と思える12分間の演奏だった。演奏後に客席から贈《おく》られた拍手《はくしゅ》も大きかった。

表彰式《ひょうしょうしき》では、ハルカが部を代表してステージに出た。

賞の発表では、習志野四中は金賞を受賞した。

全24校のうち、金賞は7校だった。その中から東関東代表として全国大会に出られるのは3校のみ。

だが、この年もまた、代表校の発表で習志野四中の名前が呼《よ》ばれることはなかった。

表彰式が終わると、ハルカはくやしさを必死にこらえながらステージを降《お》り、みんなのところへ行った。

カズトも、ホノカも、リコも……みんなが泣いていた。

少し離《はな》れたところから、代表に選ばれた学校が喜びあう声が聞こえてきた。

（フランケン先生、全国大会に先生を連れていけず、すみませんでした。このくやしさは、絶対《ぜったい》高校で晴らしてみせます！）

ハルカは密《ひそ》かにそう誓《ちか》った。

マーチング、そして友との別れ

習志野四中の吹奏楽部《すいそうがくぶ》がめざしていた全国大会は、もうひとつあった。

全日本マーチングコンテストだ。

体育館などの広い会場を舞台《ぶたい》に、演奏《えんそう》しながら行進や演技《えんぎ》などを披露《ひろう》するマーチング。

音楽の美しさはもちろん、足並《あしな》みや隊列をきれいに整えたり、人の並《なら》び方で文字や図形などを描《えが》き出したりして観客を楽しませる演奏形態《えんそうけいたい》だ。

習志野四中では、ハルカたちが1年生のときからマーチングに取り組みはじめた。マーチングはフランケン先生ではなく、竹澤優次《たけざわゆうじ》先生が担当《たんとう》だった。

竹澤先生は習志野高校の出身で、高校時代は３年間石津谷《いしづや》先生の指導《しどう》を受けたという経《けい》歴《れき》の持ち主だった。

マーチングには、コンクールのような座奏《ざそう》とは違《ちが》うおもしろさと難《むずか》しさがあった。

演奏はすべて暗譜《あんぷ》（楽譜《がくふ》を暗記すること）。

すわったままで演奏するのも難しいのに、動きながら演奏しなければならない。

サックスや金管楽器、打楽器《パーカッション》などは、重い楽器を持ちながら演奏・演技をしなければならない。まるでスポーツのように体力を使う。

それがマーチングだった。

特にまちがえてはならないのが、どう動くかだ。

それぞれの奏者の位置や動きは「コンテ」という設計図《せっけいず》で決められている。

しかし、もしも違った方向に動いてしまったり、動き出すタイミングをまちがえたりすると、部員同士が激突《げきとつ》してしまう危険《きけん》がある。

実際《じっさい》、練習中に部員同士がぶつかったり、ときには怪我《けが》することもあった。

マーチングの練習が終わると、みんな汗《あせ》だくだった。これも座奏の練習では経験《けいけん》しないことだった。

ハルカとカズトは、マーチングのときはチューバではなく、スーザフォンという低音楽器を使った。

スーザフォンは、まるでトグロを巻《ま》く蛇《へび》を奏者《そうしゃ》の体に巻きつけるようなスタイルで演奏《えんそう》する。巨大《きょだい》な朝顔のようなベルが、チューバのように上を向いているのではなく、前向きになっているのも特徴《とくちょう》だ。

スーザフォンも決して軽くはなかったけれど、チューバよりは軽量化されていたし、持ちやすかった。

ハルカとカズトはスポーツが好きだったから、マーチングにも夢中《むちゅう》になった。

運動があまり得意ではなかったホノカやリコ、他の部員たちもマーチングが大好きだった。椅子《いす》に座《すわ》って演奏するのとは違《ちが》って、全身や動きで音楽を感じ、表現《ひょうげん》するおもしろさがあった。

マーチングの練習が終わったあと、ときどき竹澤《たけざわ》先生がこう声をかけた。

「まだ元気が残っている人、マラソンするぞ～！」

みんなヘトヘトだったはずなのに、15人くらいが「やりま～す！」と手を挙《あ》げた。もちろん、ハルカとカズトも入っていた。

そして、先生を先頭に学校を出発し、列をつくって走っていく。

公園に到着《とうちゃく》すると、今度はそこでマーチングの動きの練習をした。

空は夕焼けに染《そ》まり、心地よい風が汗《あせ》ばんだ肌《はだ》をなでていく。

ハルカには、公園で行進するカズトやみんなの姿《すがた》が、学校にいるときとは少し違って見えた。

みるみるうちに夕日は沈《しず》んでいき、みんなが黒い影《かげ》になっていく。靴《くつ》が地面を踏《ふ》みしめるザッザッという音が、薄闇《うすやみ》の中でやけに大きく耳に響《ひび》く。

ハルカはその時間が好きだった。

と同時に、胸《むね》がキュッと締《し》めつけられるような感じもした。

（みんなとずっとこうしていられたらいいのにな……）

ハルカは心の底からそう思った。

習志野四中は、マーチングコンテストでは過去《かこ》2回とも千葉県大会止まりだった。

千葉県大会の次に東関東大会、その先が全国大会。会場の大阪城《おおさかじょう》ホールがあこがれの場所だった。

演奏《えんそう》する曲は、古いアメリカ映画《えいが》『ベン・ハー』の音楽。壮大《そうだい》な曲を楽器で奏《かな》でながら、汗《あせ》まみれになって行進をした。

その努力が実を結び、この年、習志野四中《ならしのよんちゅう》は初めて千葉県大会を突破《とっぱ》し、東関東大会に進むことができた。

「よっしゃ！　全国大会まであとひとつ！」

「マーチングでてっぺんとるぞ！」

ハルカとカズトは顔を見合わせ、ガッツポーズをした。みんなも大喜びだった。

東関東大会は10月上旬《じょうじゅん》。全国大会は11月下旬だから、全国大会に出場できることになったら、練習期間が一か月以上延《の》びることになる。

ハルカは思った。

「カズトと一緒《いっしょ》に吹奏楽《すいそうがく》をやれるのも、もう最後かもしれない。他のみんなとも、卒業したらバラバラになってしまう。少しでも長く一緒に活動するためにも、全国大会へ行こう！」

そして、迎《むか》えた東関東大会。

出場順は1番だった。もっともプレッシャーが大きく、不利だと言われる順番だ。

けれど、ハルカたちは広いフロアに飛び出すと、のびのびとしたパフォーマンスを披露《ひろう》した。それぞれの楽器から力強い音が会場に響《ひび》きわたり、行進も軽快《けいかい》だった。大きなミスもなかった。

ハルカはスーザフォンを吹《ふ》きながら、頭の中にたくさんの記憶《きおく》がよみがえってきた。汗まみれで重ねた練習、中１と中２の大会でのくやしさ、竹澤《たけざわ》先生と一緒にマラソンをしたこと、夕暮《ゆうぐ》れの公園で見たみんなの影《かげ》……。

すぐ隣《となり》ではカズトが真剣《しんけん》な表情《ひょうじょう》でスーザフォンを演奏していた。

（やりきろう！　中学生活の全部を出しきろう！）

マーチングシューズがフロアとこすれるキュッキュッという音が響く。額《ひたい》や背中《せなか》を汗が伝う。みんなが横一列になって一斉《いっせい》に前進する一番の見せ場、カンパニーフロントもきれいにそろった。

習志野四中の演奏・演技《えんぎ》が終わると、会場は大きな拍手《はくしゅ》と歓声《かんせい》に包まれた。部員たちも清々《すがすが》しい笑顔になっていた。

「全国大会に行きたい！」

そんな期待がみんなの中でふくらんだ。

すべての学校の演奏《えんそう》・演技《えんぎ》が終わったあと、表彰式《ひょうしょうしき》となった。

吹奏楽《すいそうがく》コンクールやマーチングコンテストの表彰式では、「金賞」と「銀賞」を聞き間《ま》違《ちが》えることがあるため、金賞は「ゴールド金賞」とアナウンスされる。発表は出場順だ。

「プログラム1番、千葉県代表、習志野市立第四中学校――ゴールド金賞！」

キャーッと歓声《かんせい》が上がった。

初めての東関東大会で金賞を受賞したのだ。あとは、代表校に選ばれるかどうかだ。

ハルカの胸《むね》はドクンドクンと音を立てた。

みんなは祈《いの》るように目をとじた。

「それでは、全日本マーチングコンテストに推薦《すいせん》する団体《だんたい》を出演順に発表します」

出演順1番の習志野四中は、呼《よ》ばれるなら最初しかない。運命のアナウンスが響《ひび》いた。

「プログラム――6番、野田市立南部中学校《のだしりつなんぶちゅうがっこう》！」

その瞬間《しゅんかん》、習志野四中のマーチングコンテストは終わった。


コンクールに続き、マーチングコンテストも東関東大会止まりだった。

ハルカはくやしくてならなかった。それに引きかえ、他のみんなは帰りのバスの中で

「終わっちゃったね」という感じで意外とあっさりしていたのが気にかかった。

（オレだけがくやしがってるのかな……）

とモヤモヤした気分になった。

学校に戻《もど》り、部員たちは楽器などの片付《かたづ》けをした。

ハルカはたまたま竹澤《たけざわ》先生とふたりきりになる時間があり、思いきって自分の胸の内を明かした。

「全国大会にも行けなかったし、みんなもあんまりくやしそうじゃないし……。たぶんオレがいい部長じゃなかったからだと思います。先生は一生懸命指導《いっしょうけんめいしどう》してくれたのに、すみませんでした！」

話しているうちに涙《なみだ》があふれてきた。

「いや、先生こそ、お前たちを全国大会に連れていけなくて申し訳《わけ》なかった」

先生にそんなことを言わせてしまったことが、ハルカにはまたくやしかった。けれど、先生に思っていたことを伝えられてよかったと思った。

翌日《よくじつ》の朝、学校に来ると吹奏楽部《すいそうがくぶ》の３年生が昇降口《しょうこうぐち》に集まって騒《さわ》いでいた。

「何があったんだろう？」

そう思いながらハルカは下駄箱《げたばこ》のフタを開けた。中に手紙が入っていた。差出人は、竹《たけ》澤《ざわ》先生。そこには、昨日先生がハルカに語ったのと同じことが書かれていた。

3年生たちはその手紙を読みながら泣いていた。

(やっぱりみんなもくやしかったんだ。本気だったんだ)

仲間たちの涙《なみだ》を見て、ハルカも目の奥《おく》がツンとした。

「東関東大会のとき、オレ、みんなのこと誤解《ごかい》しちゃってた」

ハルカはカズトに言った。

「いいってことよ。誰《だれ》も気にしてないから」

カズトは笑った。

「オレさ、習志野四中のみんなと一緒《いっしょ》に部活できて本当によかったと思ってるよ」

「うん、オレも」

けれど、時間は止まってくれない。ずっとこのままでいることもできない。誰もが成長しなければならないのだ。

「なぁ、カズトはやっぱり幕総に行くの?」

「うん」

カズトは少し気まずそうに答えた。

「ハルカは習高だろ？」

「もちろん！　オレさ、習高に行って、吹奏楽部《すいそうがくぶ》の部長になろうと思うんだ」

ハルカはニヤッと笑った。

「もうそんなことまで考えてるのかよ⁉」とカズトは目をまるくした。

「全国トップレベルの吹奏楽部に入るんだから、トップの中のトップになろうと思ってさ！」

「まだ入部もしてないのにか。気が早いやつだなぁ」

カズトはあきれたような表情《ひょうじょう》を浮《う》かべた。

「まったく、ハルカはすごいよ。お前には才能《さいのう》がある」

「急におだてるなって。気持ち悪いから」とハルカは冗談《じょうだん》めかして言った。

「いや、真剣《しんけん》に言ってるんだ。新しい曲の楽譜《がくふ》をもらったら、オレはすぐ暗譜して、ある程度《ていど》吹《ふ》けるようになっちゃうんだよ。でも、そこで満足しちゃうんだ。ハルカはオレよりも吹けるようになるのが遅《おそ》いけど、地道にしつこく練習を続けて、最終的にはオレよりうまくなるだろ？　それが才能《さいのう》ってことなんだとオレは思うんだ」

そう語るカズトを、ハルカは見つめた。

カズトの表情《ひょうじょう》が少しさびしそうに見えた。

「オレ、幕総ではたぶん楽器は続けないと思う」

小学校からずっと一緒《いっしょ》に吹奏楽《すいそうがく》を続けてきた。

ときにはふざけたり、いたずらをしたり、嬉《うれ》しいこともくやしいことも、ともに経験《けいけん》してきた親友。

けれど、ハルカは別れのときが近づいてきているのを感じた。

「カズトが習高に来てくれたらな。お前と一緒に習高で吹奏楽やりたかったよ」

ハルカはそう言わずにはいられなかった。

「ハルカが幕総に来てくれたらな」

カズトはそう返した。

そして、ふたりは顔を見合わせて笑った。

「でもさ、きっといつかまた、カズトと一緒に音楽ができるときが来ると思うよ。オレ、そんな予感がするんだ」

「そうか？」

「うん。オレの予感、当たるんだぜ？」

「まぁ……そうなるといいな」

カズトはぽつりとつぶやいた。

そして、ハルカとホノカ、リコは習志野高校に進学し、カズトは幕張総合高校へ進んだ。

全国大会に手が届《とど》かなかったくやしさ、親友と違《ちが》う道を歩むさびしさを抱《かか》えたまま、ハルカの中学時代は終わりを告げたのだった。

♪第3楽章　行くぞ！「吹奏楽《すいそうがく》の甲子園《こうしえん》」

ようこそ、習志野高校吹奏楽部へ

「ちょっと、君。新入生？　いい体してるね。柔道部《じゅうどうぶ》入って全国めざさない？」

「いやいや、われらがボクシング部で鍛《きた》えれば、オリンピックねらえるよ！」

桜《さくら》の花が舞《ま》い散るなか、習志野高校の校内を歩いていたハルカは、次々に声をかけられた。

「すみません、オレ、もう部活決まってるんで」

ハルカは誘《さそ》いを断《ことわ》り、足早に通り過《す》ぎた。

すでに身長は１８０センチほどあったため、他にもたくさんの運動部から勧誘《かんゆう》を受けた。

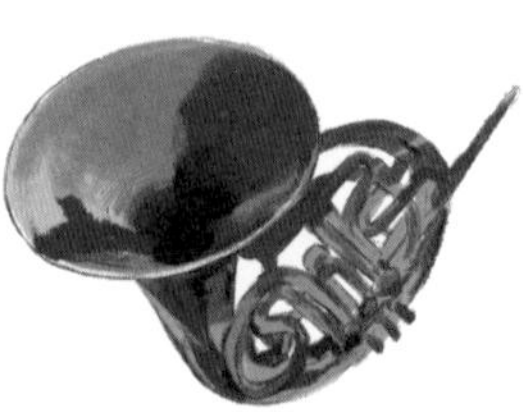

（運動部もみんな全国レベルなのか。習志野高校って本当に部活が盛《さか》んな学校なんだな）

近所に住んでいて、ずっと憧《あこが》れていた学校なのに、意外に知らないことが多かった。

幕張総合高校に進んだカズトは運動部に入ったらしい。

だが、ハルカの気持ちはぶれていなかった。

向かう先は吹奏楽部の拠点《きょてん》となっている音楽ホールだ。

（オレは部長になるんだ！）

ハルカは勢《いきお》いこんで廊下《ろうか》をずんずん歩いていった。


習志野高校の敷地《しきち》は習志野四中よりもずっと広く、校舎《こうしゃ》のつくりも複雑《ふくざつ》だった。

ハルカは途中《とちゅう》何度か迷子《まいご》になりかけながら、めざす場所へたどり着いた。

「うっ……!?」

一歩足を踏《ふ》み入れた瞬間《しゅんかん》、たじろいだ。

歴史を感じさせる音楽ホールには、青や緑のジャージを着た先輩《せんぱい》部員が次から次へと出入りしていた。まず、その人数の多さに驚《おどろ》いた。

吹奏楽部の部員数は毎年２００人ほど。２、３年生だけでも１２０人以上いるのだから、出入りが多くて当然だ。

ジャージの色は学年で決まっていて、3年生は青、2年生は緑。ハルカたち1年生は赤だ。

先輩《せんぱい》たちは一つひとつの行動が早かった。ハルカたちも中学時代にすばやい行動を心がけていたが、習志野高校はレベルが違《ちが》った。

あちこちから楽器を練習する音が聞こえてきた。音の迫力《はくりょく》や深い響《ひび》き、美しさなどにハルカは圧倒《あっとう》された。

（音出しだけでこのレベルかよ。オレ、ついていけるかな……）

部長になるという意気ごみが吹《ふ》き飛んでしまうほど、ハルカは衝撃《しょうげき》を受けた。

一足先に音楽ホールに入り、練習を見学していたホノカもとまどいが隠《かく》せなかった。

「私《わたし》、これからどうしたらいいんだろう？」

小学校時代から夢見《ゆめみ》ていた場所だった。ここに来るために、今まで苦しいことも乗りこえ、サックスの腕《うで》を磨《みが》いてきた。

ただ、ホノカにとっては、「習志野高校吹奏楽部《すいそうがくぶ》に入ること」自体が目標――つまり、ゴールだった。そして、いざ入ってしまうと、その先どうしたらいいのかわからなくなってしまったのだ。

目の前でサックスの先輩たちが楽器を準備《じゅんび》し、音出しを始めた。サックスの甘い音色《ねいろ》が響きだした。

「うますぎる……。私の実力なんて、先輩たちの足元にもおよばないんだ」

中学時代はみんなが「うまいね」と言ってくれた。ホノカ自身も演奏《えんそう》テクニックにはそれなりに自信を持っていた。

だが、習志野高校ですぐに通用するほど甘《あま》くはないということを痛感《つうかん》させられた。

「よし、次の目標を決めた！　先輩たちに追いついて、一緒《いっしょ》に演奏を楽しめるようになること。あこがれの習高に来たんだから、全力で〝吹奏楽〟しなきゃもったいないよね」

ホノカはそう前向きに考えた。

初日の練習が終わった。

ハルカは学校帰りに黄色いクリアファイルを買った。

習志野高校吹奏楽部では、イベントのたびに資料《しりょう》やしおりが配られると先輩が教えてくれた。楽譜《がくふ》もたくさんもらうだろう。それをクリアファイルに入れていこうと考えたのだ。

とにかくストックしておけば、必要なときに見返したり、反省材料にしたりできるだろう。

それは自分で作る「部長になるための資料集《しりょうしゅう》」だった。

いきなり習志野高校のすごさに圧倒《あっとう》されたハルカだったが、改めて自分の夢《ゆめ》に向けて一歩ずつ進んでいこうと決めたのだった。

「部活を引退《いんたい》するころ、どれくらいの厚《あつ》さになってるんだろうな」

ハルカは3年後を想像《そうぞう》しながら、真新しいクリアファイルを眺《なが》めた。


習志野高校吹奏楽部《すいそうがくぶ》で部活に打ちこむ日々が始まった。

音楽ホールの壁《かべ》には、「勝負は今」「音量　音程《おんてい》　音色《おんしょく》」「日常《にちじょう》の五心《ごしん》」など、大切にすべきことや部員の心得が書かれた紙が貼《は》られていた。

「さすが全国トップクラスの名門校だ！」

張《は》り紙を眺めてハルカは感心した。

放課後や休日に部活を開始するとき、決まって部員たちが唱える言葉があった。

「悔《く》いのない一日を！」

まず最初に部長が前で大声で「悔いのない一日を！」と言い、続いて部員たちがその言葉をくり返すのだ。

（習高にはおもしろい風習があるんだな）

ハルカはまだその言葉の本当の重さを理解《りかい》していなかった。とにかく、先輩《せんぱい》たちにならって「悔いのない一日を！」と声を上げた。


少しでも早く部活に慣《な》れようと奮闘《ふんとう》しているハルカのことを、密《ひそ》かにチェックしている女子部員がいた。

同じ1年生でチューバ担当《たんとう》の齋藤翔子《サイトウショウコ》だ。

（黄色い帽子《ぼうし》が似合《にあ》ってなかった男子、さらにでかくなったなぁ）

ショウコは、ハルカを見上げて思った。

そう、ショウコは小６のとき習志野市小学校管楽器講座《ならしのししょうがっこうかんがっきこうざ》でハルカと一緒《いっしょ》になった、あの「他校のすごくうまい女の子」だった。

ショウコは習志野市立大久保小学校《ならしのしりつおおくぼしょうがっこう》、習志野市立第六中学校《ならしのしりつだいろくちゅうがっこう》、とハルカとは別の学校に通ってきた。

習志野六中《ならしのろくちゅう》にあったのは吹奏楽部ではなく、管弦楽部《かんげんがくぶ》。オーケストラだ。だから、ショウコは吹奏楽《すいそうがく》コンクールに出たことがなかったし、習志野高校のことも詳《くわ》しく知らなかった。

ただ、管楽器講座《かんがっきこうざ》がきっかけで習志野高校にあこがれを持ち、進学を決めたのだった。

習志野高校に入ると決まったころ、ショウコは「習志野四中のでかくてうまいチューバの人も習高に行くらしいよ」と噂《うわさ》で聞いた。

（あっ、管楽器講座にいたあの子か）

ショウコの頭には小学校時代のハルカの姿《すがた》が浮《う》かんできた。

（高校に入ったら、あの子と一緒《いっしょ》に演奏《えんそう》できるんだな）

ショウコは楽しみに思いながら、不安も感じた。

習志野四中の吹奏楽部はレベルが高いという評判《ひょうばん》だったし、ハルカはそこの部長だった。

自分はというと、管弦楽部《かんげんがくぶ》の出身で、吹奏楽の世界のことをあまり知らない。

（習高の吹奏楽部って全国トップレベルなんだよね……。あの男子は大丈夫《だいじょうぶ》だろうけど、私《わたし》は、やっていけるのかな？　私だけ部活についていけないとかなったらイヤだなぁ）

考えれば考えるほど心配になった。でも、とにかく、やってみるしかない。

ショウコは思いきって習志野高校吹奏楽部に飛びこんだのだった。

そして、ハルカとともにチューバパートの一員となった。

一方、ハルカはショウコが管楽器講座にいた女の子だと気づかないまま、心の中でライバル心を燃《も》やしていた。オーケストラを経験《けいけん》しているショウコには底知れない実力があるような気がしたし、演奏も上手だった。

ただ、ショウコとチューバの腕《うで》を競いあうよりも前に、1年生は全員、コンサートで演奏する曲の振《ふ》り付けを覚えなければならなかった。先輩《せんぱい》たちもみんな最初は振り付けを覚えるところからスタートしたのだ。

ハルカは振り付けを覚えるのは大の苦手だった。他の1年生もみんな苦戦していた。

ある日、ハルカは部活が終わって数人の男子と一緒に学校を出た。

「オレ、まだ《きらっとサンバ》踊《おど》れないんだよ」

ハルカが言うと、他の男子たちも「オレもやばい」と口々に言った。

「じゃあ、もうちょい練習する？」

「やるか！」

話がまとまり、ハルカたちは通学路の途中《とちゅう》の公園で振り付けを練習した。

疲《つか》れていたし、お腹《なか》もすいていた。

でも、協力しあって振《ふ》り付けを一か所ずつ覚えていくたび、先輩《せんぱい》たちに一歩近づけたような、習志野高校吹奏楽部の部員らしくなれたような気がした。

ハルカは中学時代に夕暮《ゆうぐ》れの公園でマーチングをしたことを思い出した。

そして、真っ暗な中で《きらっとサンバ》を踊《おど》っている男子たちの姿《すがた》を見た。

（これが新しい仲間たちだ。3年間一緒《いっしょ》にがんばっていく仲間たちなんだ）

ハルカは嬉《うれ》しさを感じながら振り付け練習を続けた。

厳《きび》しきオーディション

ハルカたち新入部員にとって、習志野高校という新しい環境《かんきょう》は刺激的《しげきてき》でありながら、ストレスにもなっていた。

部員が200人もいれば、先輩や同級生の名前を覚えるのもひと苦労。みんなとの接《せっ》し方、練習の進め方、楽譜《がくふ》をしまってある場所――わからないことだらけだった。

おまけに全国的に有名な習志野高校はあちこちから引っぱりだこで、すでに1年間のスケジュールがびっしり埋《う》まっている状態《じょうたい》だった。

5月には、さっそくハルカたち1年生も参加して「バンドフェスタinちば」というイベントに出演《しゅつえん》した。習志野高校はもちろん、やはり全国レベルのトップバンドとして知られている柏市立《かしわしりつ》柏高校、マーチングの強豪《きょうごう》の船橋《ふなばし》市立船橋高校、そして、カズトが進学した幕張総合高校《まくはりそうごうこうこう》の4校による合同コンサート。3校は吹奏楽部、幕総《まくそう》はシンフォニックオーケストラ部だ。

ハルカは幕総が演奏する《リトル・マーメイド》を聴《き》き、その音楽に圧倒《あっとう》された。

習志野高校自慢《じまん》の吹奏楽サウンドとはまた違《ちが》った、オーケストラならではの豊《ゆた》かな響《ひび》き。バイオリンやビオラ、チェロといった弦楽器《げんがっき》が奏《かな》でる優美《ゆうび》な音は、強いストレスを感じていたハルカの心を、そっと抱《だ》きしめてくれた。

気づくと、ハルカは涙《なみだ》を流していた。

(もしオレが幕総に行ってたら、カズトと一緒にオケ部に入って、今ごろステージでこの曲を吹《ふ》いていたのかもしれないんだな。オレ、幕総に行けばよかったのかな……)

ずっと一緒にチューバを吹いてきた親友と離《はな》ればなれになっていることがどれだけさびしく、心細かったのかということに、ハルカは改めて気づいた。

「えっ、ハルカ、泣いてるの？　大丈夫《だいじょうぶ》？」

ホノカが心配そうに声をかけてきた。

「中学のころからよく泣いてたけど、ハルカは変わらないね」

リコが言った。

ふたりは大きな体をふるわせて泣きじゃくるハルカの姿《すがた》を見守った。笑う気にはなれなかった。ホノカやリコにもハルカの気持ちがよくわかったからだ。

自分はここにいてもいいんだろうか？

自分はここに来るべきだったんだろうか？

もっとよい別の道があったのではないだろうか？

ふたりもそんな迷《まよ》いをまったく感じていないわけではなかった。

いつか習志野高校吹奏楽部《すいそうがくぶ》が自分の居場所《いばしょ》だと思えるようになるまで——それは、新入部員が必ず通り抜《ぬ》けなければならない試練だった。


習志野高校吹奏楽部では、約200人の部員が3つのチームに分かれて活動している。各チームのメンバーは、それぞれ「Cメン」「Mメン」「Gメン」と呼《よ》ばれている。

Cメンは吹奏楽コンクールで全国大会をめざすメンバー（Cはconcours＝コンクール

の頭文字）で55人。

Mメンはマーチングコンテストで全国大会をめざすメンバー（Mはmarching＝マーチングの頭文字）で81人。

Gメンは日本学校合奏コンクールと日本管楽合奏コンテストの全国大会をめざすメンバー（Gはgassou＝合奏の頭文字）で約70人。

チーム分けは部内オーディションによって決まる。

この年、「バンドフェスタinちば」が終わったあとにオーディションが行われることになった。

ハルカは自分の中にあるストレスや迷いを振《ふ》りはらい、オーディションに臨《のぞ》もうとしていた。

「せっかく習高に入ったんだ。たとえ1年生でもCメンをめざそう」

ハルカは、中学時代に達成できなかった全日本吹奏楽コンクール出場という夢《ゆめ》を習志野高校でかなえたかった。

習志野高校には青いブレザーに白いズボンというステージ衣装《いしょう》がある。それに身を包み、あこがれの「吹奏楽の甲子園《こうしえん》」のステージに立つ自分を想像《そうぞう》してみた。もしそれが現実《げんじつ》になったらどんなに幸せだろう。

だが、そう簡単《かんたん》にCメンにはなれない。

２００人の中の55人。習志野高校にはチューバ奏者《そうしゃ》が15人もいるが、そのうちCメンに選ばれるのは4人だけだ。

「先輩《せんぱい》たちはめちゃくちゃうまいし、同期でもショウコはオレよりテクニックがある。やっぱり、いきなりCメンは無理かな……」

あきらめ気分になりかけた。

「でも、たとえ落ちるとしたって、全力でオーディションにぶつかってみよう！」

ハルカは自分を励《はげ》ましながら、必死に練習を続けた。


オーディションの日がやってきた。

オーディションでは、指定された練習曲をひとりずつ演奏《えんそう》し、審査《しんさ》を受ける。

まず、チューバパートの15人は審査会場となる音楽室に行った。

音楽室のようすはいつもと違《ちが》っていた。白い布《ぬの》のスクリーンが何枚《なんまい》か並《なら》んでいて、室内を2つに区切っていた。片側《かたがわ》には名指導者《めいしどうしゃ》の石津谷治法《いしづやはるのり》先生のほか、吹奏楽部顧問《すいそうがくぶこもん》の瀧山《たきやま》智宏《ともひろ》先生、海老澤博《えびさわひろし》先生、小栗千波《おぐりちなみ》先生、そしてチューバのコーチの先生がすわっていた。

そして、反対側には奏者用の椅子《いす》や譜面台《ふめんだい》があった。

これは「カーテン審査」と呼《よ》ばれる審査方法だ。

先生たちからは演奏者が見えない。「この子は3年生だから」「この子はいつもがんばっているから」といった温情《おんじょう》を差し挟《はさ》まず、純粋《じゅんすい》に演奏の力だけで審査することができるのだ。

15人は先生たちの前に並んだ。

（ひえっ、この状況《じょうきょう》、めっちゃ怖《こわ》い！）

ハルカは初めて経験《けいけん》するオーディションを前にして、身ぶるいするほど緊張《きんちょう》した。

と、石津谷先生が口を開いた。

「じゃあ、これからチューバのオーディションをやります。コンクールが始まるのは夏だし、全国大会は秋。このタイミングでやるのは早すぎるんじゃないかと1年生は思うかもしれない。他の強豪校《きょうごうこう》では、何回もオーディションをしたり、大会の直前にやったりしているところもあります。でも、習高ではいま現在《げんざい》の実力でCメンにふさわしいかどうかを判断《はんだん》します。選ばれたメンバーの持っている力と、夏から秋へ成長していこうとする気持ちを、先生たちは信じます」

そこまで言うと、石津谷《いしづや》先生の目が鋭《するど》く光った。

「もしCメンに選ばれたら、生半可《なまはんか》な気持ちではやっていけないぞ。ここには２００人の部員がいて、Cメンはたった55人。他の１４５人の思いも背負《せお》ってコンクールをめざしていくんだ。それを肝《きも》に銘《めい》じてオーディションに臨《のぞ》んでほしい」

「はい！」

チューバパートの15人は声を合わせて答えた。

（習高のCメンになるってことは、オレが思っていたよりずっとずっと重いことなんだな）

ハルカの緊張《きんちょう》がさらに高まった。

15人は音楽室を出て、待機場所の教室へ行った。そして、くじ引きで演奏《えんそう》する順番を決めた。ハルカは8番目だった。

と、男子の先輩《せんぱい》が近づいてきた。

「ハルカ、どう？　緊張してる？」

それは、３年生の馬場健太郎《ババケンタロウ》先輩だった。

ババ先輩とは東習志野小学校からずっと一緒《いっしょ》だった。

小学校ではハルカが4年のときにババ先輩は6年生。中学校ではハルカが1年生のときに先輩は3年生。いつもたった1年間だけ一緒に活動できるのだが、ハルカにとってはずっとその背中《せなか》を追いかけてきた目標でもあった。

「正直……緊張してます。でも、先輩と一緒にコンクールの舞台《ぶたい》に乗れるように、オレ、がんばります！」とハルカは言った。

「おい、ハルカ、勘違《かんちが》いすんなよ」

ババ先輩は真顔だった。

「は……？」

「みんながCメンになりたいと思ってる。だから、ここにいる15人は全員ライバルだ。オレがCメンになってお前が落ちたり、逆《ぎゃく》にお前が入ってオレが落ちるってこともあるだろう。オーディションってのは、そういうもんだ」

ハルカはハッとした。

「すみませんでした」

「まぁ、お互《たが》いがんばろうぜ」

ババ先輩《せんぱい》は自分のチューバが置いてあるところへ戻《もど》っていき、練習を始めた。

(先輩はオレにオーディションの厳《きび》しさを教えてくれたんだ。オレはまだまだ甘《あま》かった……)

ハルカは気持ちを引き締《し》めた。


オーディションが開始された。

順番にひとりずつ音楽室へ行っては、10分と経《た》たずに戻ってきた。

その表情《ひょうじょう》からは、演奏《えんそう》がうまくいったのかどうかは読み取れなかった。

「みんな、どうだったんだろう……」とハルカは気になってしかたがなかった。

そして、いよいよハルカの番がやってきた。

音楽室の中に入るとき、反射的《はんしゃてき》に「失礼します」と言いそうになった。だが、それでは先生たちに奏者が誰《だれ》だかわかってしまう。ハルカはあわてて口をつぐんだ。

ハルカは無言で椅子《いす》に腰《こし》かけ、チューバをかまえた。

目の前にはスクリーンが並《なら》んでいる。その向こう側には、石津谷《いしづや》先生たちがいるはずだ。

(よし、先輩たちを超《こ》えるつもりでやってやるぞ!)

マウスピースに唇《くちびる》をつけ、熱い息を吹《ふ》きこんだ。

（先生たちの耳に、心に届《とど》け！）

ハルカはせいいっぱいチューバを鳴らし、今できる最高の音でアピールをした。

練習曲を最後まで吹き終わったとき、ハルカには手ごたえがなかった。ミスはしなかったけれど、うまくできたのかどうかわからなかった。

ハルカは何も言わず、ただ、スクリーンに向かって頭を下げて音楽室を出た。

と、驚《おどろ》いて足が止まった。廊下《ろうか》にババ先輩がいたのだ。

（先輩、ここで何してるんだろう⁉）

ババ先輩は何も言わず、まっすぐにハルカを見つめながら近づいてきた。

（確《たし》か、先輩の順番はこのあとじゃなかったはずだけど……）

なんだかこわくなって、ハルカは軽くお辞儀《じぎ》をし、避《さ》けるように先輩の横を通り抜《ぬ》けた。

「お前、うまくなったな」

すれ違《ちが》いざま、先輩がそう言った。

「えっ⁉」

ハルカが振《ふ》り向いたとき、すでにババ先輩の背中《せなか》は遠ざかっていた。

（そうか。先輩《せんぱい》はオレのことを心配して、ここで聴《き》いててくれたんだ……。先輩、ありがとうございます！）

先輩の背中《せなか》に向かって、ハルカは心の中でそう叫《さけ》んだ。

チューバパート15人のオーディションが終わったあと、待機場所の教室に他パートのパートリーダーがやってきた。

「先生たちからの伝言です。４人のうち３人は決定。残りひとりの評価《ひょうか》が同点で並《なら》んでいるため、同点の人だけで二次オーディションをします。番号を呼《よ》ばれた人は準備《じゅんび》してください」

読み上げられた番号の中に、ハルカの「８番」はなかった。

（ダメだったんだ……。しょうがない。また来年がんばろう）

ハルカは落ちこみながら、教室で二次オーディションが終わるのを待った。

そのあと、再《ふたた》び15人が音楽室へ集められた。

「じゃあ、Ｃメンになる４人を番号で発表します」

石津谷《いしづや》先生が番号を読み上げた。

「８番！」

「えっ……⁉」

ハルカは思わず目を見ひらいた。

（お、オレ⁉　本当に⁉）

思わずガッツポーズをしたい気持ちになったが、我慢《がまん》した。ハルカは一次オーディションですでにＣメンに選ばれていたのだ。

ハルカの他に、ババ先輩、ショウコもＣメンに選ばれた。

発表が終わったあと、ババ先輩が近づいてきた。

「ハルカ、これからよろしくな」

「よろしくお願いします！　オレ、せいいっぱいやります！」

「１年でＣメンに入るのは相当プレッシャーだと思うけど、がんばれよ」

「はい！」

ハルカは喜びでいっぱいになった。

と、そのとき、ひとりの男子部員が無言で音楽室を出ていくのが目に入った。ハルカの顔に浮《う》かんでいた笑みが引っこんだ。

それは3年生の秋本拓海《アキモトタクミ》先輩《せんぱい》だった。

アキモト先輩もババ先輩と並《なら》んで圧倒的《あっとうてき》にチューバがうまかった。力強い低音、のびのびした高音はハルカも惚《ほ》れぼれするほどで、目標としている奏者《そうしゃ》のひとりだった。

けれど、入部以来、ハルカはアキモト先輩には近づきがたい空気を感じていた。どこか敵視《てきし》されているような……。

(オレ、嫌《きら》われてるのかな?)

ハルカはずっとそう思っていた。

アキモト先輩にチューバを教えてもらいたかったが、話しかけることもできなかった。

そのアキモト先輩がオーディションで選ばれず、1年生の自分が選ばれてしまった——。

アキモト先輩との関係は、これまでにも増《ま》して気まずいものになりそうだった。

その後、他パートのオーディションも行われ、サックスのホノカはMメンに、トランペットのリコはGメンに決まった。

Cメンに選ばれた1年生は7人だけだった。だが、裏《うら》を返せば、先輩たちがすわることができたかもしれない席を7つも1年生がもらったということである。Cメンになれなかったことでくやし涙《なみだ》を流している3年生の姿《すがた》も目にした。

きっとその先輩も、ハルカと同じように「全日本吹奏楽コンクールに出たい」という夢《ゆめ》を抱《いだ》いて習志野高校に入ってきたのだろう。けれど、高校生活最後の年に、その夢がかなわないことが決まってしまったのだ。

「もしＣメンに選ばれたら、生半可《なまはんか》な気持ちではやっていけないぞ」

石津谷《いしづや》先生の言葉が、改めて胸《むね》に突《つ》き刺《さ》さった。

（もう「幕総に行けばよかったかも」なんて迷《まよ》ってる場合じゃない。オレ、先輩たちの分までやらなきゃ。人の百倍も二百倍も練習しなきゃ！）

ハルカの気持ちがようやく吹《ふ》っきれた。

フランケン先生との再会《さいかい》

「吹奏楽の甲子園《こうしえん》」と呼《よ》ばれている全日本吹奏楽コンクール。

その会場は、愛知県にある名古屋国際会議場《なごやこくさいかいぎじょう》センチュリーホールだ。

習志野高校のＣメンとなったハルカは、まだ一度も行ったことがない夢の舞台《ぶたい》をめざし、練習の日々を送った。

吹奏楽《すいそうがく》コンクールで演奏《えんそう》するのは、課題曲と自由曲の2曲。課題曲は、毎年発表される5つの曲から1曲を選んで演奏することになっている。

その年の習志野高校は、課題曲に《マーチ「春風の通り道」》、自由曲に《歌劇《かげき》「イーゴリ公」より》を選んだ。

自由曲の《イーゴリ公》はクラシックの名曲で、もともとは歌劇《オペラ》。オーケストラの演奏と歌手の歌・演技《えんぎ》によって物語を描《えが》き出す作品だ。この曲を、石津谷《いしづや》先生が吹奏楽用に楽《がく》譜《ふ》を書き直し、演奏するのだ。

《イーゴリ公》には、木管楽器のひとつであるオーボエがソロを吹《ふ》く部分がたくさんある。とても目立つところなので、演奏全体の良し悪しを左右するくらい大切な役割《やくわり》だ。

オーボエソロを吹くのは3年生の榎《エノキ》かぐや先輩《せんぱい》だった。

エノキ先輩はずば抜《ぬ》けて演奏がうまく、リーダーシップもあった。

音楽ホールで55人で《イーゴリ公》の練習をしているとき、エノキ先輩のソロに差しかかると、ハルカは思わずうっとりとその音に耳を傾《かたむ》けた。

切なく、たおやかで、透《す》き通るような音だった。

ハルカはというと、思ったような演奏ができずに苦しんでいた。それに比《くら》べて、ババ先輩やショウコは余裕《よゆう》を持って吹いているように見えた。

（オレ、Ｃメンでいちばんヘタかも。アキモト先輩のほうがよかったんじゃないかな……）

ふとそんな考えが頭に浮《う》かんだ。

（いや、そんなこと考えちゃダメだ。オレを選んでくれた先生たちにも、アキモト先輩にも失礼だ！）

ハルカは邪念《じゃねん》を振《ふ》りはらうようにチューバを「ブォンッ！」と勢《いきお》いよく鳴らした。


あっという間に月日は過《す》ぎ、夏がやってきた。

間近に迫《せま》ってきた吹奏楽コンクールに向けて、ハルカは練習漬《れんしゅうづ》けの日々を送った。

Ｃメンの練習は肉体的にも精神的《せいしんてき》にもハードで、ハルカは以前とは別のストレスを感じ始めていた。

そんなとき、習志野市内《ならしのしない》の２つの小学校から習志野高校に出前練習の依頼《いらい》があった。出前練習とは、相手の学校に出向いて演奏技術《えんそうぎじゅつ》を教えることだ。

石津谷先生の指示《しじ》でＣメンは２チームに分かれ、別の小学校を訪問《ほうもん》することになった。

ハルカが入ったチームが向かった先は、習志野市立屋敷小学校《ならしのしりつやしきしょうがっこう》だった。

ところが、ハルカたちは途中《とちゅう》で道に迷《まよ》い、予定していた時間に遅《おく》れてしまった。ようやく学校にたどり着くと、校舎《こうしゃ》の中からひとりの女性《じょせい》の先生が出てきた。

「どしたん？　遅《おそ》いけん、心配しよったんよ！」

聞き覚えのある方言――。

なんとそれは、ハルカが習志野四中で指導《しどう》を受けたフランケン先生だったのだ！

先生はハルカたちが卒業するのと同時に屋敷小学校に異動《いどう》になっていた。

（まさかここでフランケン先生に会えるなんて。相変わらずエネルギッシュだな）

たった数か月前まで一緒《いっしょ》に部活をやっていたはずなのに、なんだか懐《なつ》かしかった。

いろいろ話したいことはたくさんあったけれど、ハルカは今は習志野高校吹奏楽部《すいそうがくぶ》の一員だ。個人的《こじんてき》な会話は控《ひか》えて、先輩《せんぱい》たちとともに小学生に指導をした。

出前練習の時間が終わり、帰り支度《じたく》をしていたところ、フランケン先生がハルカのところへやってきた。

「ハルカ、今日はありがとね」

「あ、いいえ。こちらも勉強になりました」

習志野四中のころに比《くら》べて、先生は少し穏《おだ》やかな表情《ひょうじょう》になったように思えた。

ハルカが知っているフランケン先生は、いつも情熱的で、こうと決めたら脇目《わきめ》も振《ふ》らずに突《つ》っ走る人だった。

中学時代はそれについていけないと感じることもあったし、反発したこともあった。

でも、今になってハルカには、先生が心から音楽を愛していたこと、誰《だれ》よりも生徒たちのことを思ってくれていたことがわかった。

先生は言った。

「ハルカが元気そうでよかった。去年の3年生もみんな元気にやっとるかしらね。最後は全国大会に連れていってあげたかったけど、それができんかったのは私《わたし》の力不足やね」

その言葉が、ハルカの心に焼きついた。マーチングコンテストの後で竹澤《たけざわ》先生にも同じことを言われたのを思い出した。

冨田《とみた》先生、フランケン先生、竹澤先生……。

吹奏楽を教えてくれた先生たちはみんな愛情にあふれていた。そのおかげで今、自分は全国トップレベルの吹奏楽部にいる。感謝《かんしゃ》で目がうるんできた。

「そんなことないです。先生、ありがとうございました」とハルカは頭を下げた。

みんなでフランケン先生にお別れを言い、屋敷小を後にした。

(あぁ、こんないい先生なのに、なんで中学時代のオレは先生に反発したりしてたんだろう。オレ、子どもだったんだな……)

習志野高校《ならしのこうこう》までの帰り道、ハルカの頭はフランケン先生のことでいっぱいになっていた。

(あんなに一途《いちず》で、熱くて、カッコいい大人に、オレもなりたい)

そのとき、雷《かみなり》に打たれたように「教師《きょうし》」という目標がひらめいた。

それまではミュージシャンの父の影響《えいきょう》もあり、漠然《ばくぜん》とプロのチューバ奏者《そうしゃ》になりたいと考えていた。

(今日、小学生に教えていても楽しかったし、フランケン先生みたいな教師をめざすのもいいかもな!)

そう思うと、ハルカの瞳《ひとみ》は輝《かがや》き始めた。

いつの間にか、部活の疲《つか》れやストレスはきれいさっぱり消えていた。

吹《ふ》き鳴らせ、「美爆音《びばくおん》」

吹奏楽《すいそうがく》コンクールに向けて練習を続けるハルカたちCメンだったが、夏にはコンクール以外にも大きなイベントがあった。

それは、野球応援《やきゅうおうえん》だ。

習志野高校野球部は強豪《きょうごう》チームだ。夏の甲子園《こうしえん》では過去《かこ》2回優勝《かいゆうしょう》したことがあり、有名なプロ野球選手が何人も誕生《たんじょう》している。

そんな野球部の応援を誰《だれ》よりも楽しみにしていたのが、顧問《こもん》の石津谷治法《いしづやはるのり》先生だった。

他校では、野球応援はコンクールに出場しないメンバーが中心となることが多い。だが、習志野高校吹奏楽部は、出演《しゅつえん》イベントなどが重ならない限《かぎ》り、一回戦から部員全員で野球場へ応援に行くことになっていた。

石津谷先生は部員たちにその理由を熱く語った。

「野球応援は習志野高校吹奏楽部が200人の部員全員で参加できる貴重《きちょう》な本番だ。でも、それだけじゃない。同じ学校、同じクラスで過《す》ごしている仲間を応援することからたくさんのことが学べるし、野球部が戦う姿《すがた》から元気ももらえる。全力を尽《つ》くしてプレーする野球部を、オレたちが全力の演奏《えんそう》で応援《おうえん》する。逆《ぎゃく》に野球部のプレーが、オレたちを応援してくれる。お互《たが》いにエールを送りあうことができるのが、野球応援なんだよ」

「さすが石津谷《いしづや》先生はカッコいいことを言うな」とハルカは思った。

小学校のころ、初めて習志野高校の定期演奏会《ていきえんそうかい》で聴《き》いた《レッツゴー習志野》を思い出した。あのすさまじい「美爆音《びばくおん》」をいよいよ自分も演奏するときが来たのだ。

ギラギラ照りつける夏の日差しの中、野球場のスタンドには習志野高校吹奏楽部員《すいそうがくぶいん》、応援担当《おうえんたんとう》の野球部、バトン部のチアリーダーという大応援団《だいおうえんだん》が並《なら》んだ。

吹奏楽部員は全員がスクールカラーである臙脂色《えんじいろ》のTシャツに青いジャージのズボンを身に着けている。Tシャツの背中《せなか》には「習志野」の文字。

いつもはハルカと違《ちが》うチームで活動しているホノカやリコもいた。

（やっぱりみんな一緒《いっしょ》にできるって嬉《うれ》しいな）とハルカは思った。

石津谷先生が「野球応援は200人の部員全員で参加できる」と言っていたのは、きっとこういう喜びが感じられるからなのだろう。

ハルカたちチューバパートのメンバーは、応援ではスーザフォンを吹《ふ》くことになっていた。

前方に向けて開いたスーザフォンの大きなベルには薄《うす》い布《ぬの》がかぶせられ、それぞれの布に「N」「A」「R」「A」「S」「H」「I」「N」「O」「習」「志」「野」「高」「校」という文字などが書かれていた。

スーザフォンは薄い布をかけても音はきちんと鳴るし、この文字は選手たちからも見える。「仲間がここで応援しているぞ！」ということが、音と文字で伝えられるのだ。

野球場にサイレンが鳴って試合が始まった。吹奏楽部が応援演奏をしていいのは、味方チームが攻撃《こうげき》するときだけと決まっていた。

習志野高校の攻撃になると、吹奏楽部員はスタンドのベンチから立ち上がり、最前列の部長の指揮《しき》に合わせて演奏を開始した。

ドン、ドン、ドン、ドン、ドン！

地響《じひび》きのように鳴るバスドラムに乗せて、管楽器や打楽器《パーカッション》の音が爆発した。ハルカはその迫力《はくりょく》に圧倒《あっとう》された。

（うわっ、なんだこれ！）

ホールの客席で聴いたときとは迫力の感じ方が違った。まるで音の竜巻《たつまき》に巻《ま》きこまれているみたいだった。

指揮《しき》する部長の横で、《ベン・ハー》、《スパニッシュ・フィーバー》、《エスパニア・カーニ》……と曲名が書かれたプラカードが次々と掲《かか》げられた。

吹奏楽部《すいそうがくぶ》が奏《かな》でる美爆音《びばくおん》の演奏《えんそう》に合わせてバトン部のチアリーダーたちが踊《おど》り、応援担当《おうえんたんとう》の野球部員たちが「カッセ！　カッセ！」と声援を送った。

味方チームが得点のチャンスになったとき、新たなプラカードが上がった。

『レッツゴー』

あの習志野高校《ならしのこうこう》の代名詞《だいめいし》、《レッツゴー習志野》だ。

すると、部員たちのテンションが上がり、さらに大迫力《だいはくりょく》の美爆音が轟《とどろ》いた。球場が揺《ゆ》れているのではないかとハルカが錯覚《さっかく》するほどだった。

熱い応援のあと押《お》しを受け、習志野高校野球部は初戦で勝利をおさめたのだった。

野球部はその後も勝ち続け、千葉県大会の決勝に進出した。

あとひとつ勝てば、日本中の高校球児があこがれる甲子園《こうしえん》に出場できるのだ。

ハルカたちは必死に美爆音で応援をした。野球部の勝利をあと押ししようと、《レッツ

習
志
野

ゴー習志野《ならしの》》を何度も繰《く》り返し演奏《えんそう》した。

だが、結果は1点差で敗北。

野球部のナインは肩《かた》を落として泣いていた。吹奏楽部員《すいそうがくぶいん》も何人も涙《なみだ》を流していた。

ハルカは思った。

「野球部の分まで、オレたちががんばろう。絶対《ぜったい》に『吹奏楽の甲子園《こうしえん》』に行こう！」

ハルカだけでなく、他の部員たちもみんな同じ気持ちだった。

激突《げきとつ》の夏

夏休みに入り、本格的《ほんかくてき》なコンクールの季節がやってきた。

コンクールは中学校のときと同じように「千葉県大会→千葉県本選大会→東関東大会→全国大会」という流れになっている。ただ、習志野高校《ならしのこうこう》は前の年に全国大会に出場していたため、シードで本選大会からの登場だった。

8月中旬《ちゅうじゅん》、ハルカたちCメンはその本選大会に挑《いど》んだ。

本番直前、ハルカは不安でたまらなかった。自由曲の《イーゴリ公》を完璧《かんぺき》に演奏できる状態《じょうたい》になっていなかったからだ。

（もっと時間があったら、オレだって……）

そう思ったとき、ハッと気づいた。

いつも放課後の練習が始まるときに唱えている「悔《く》いのない一日を！」という言葉は、こういうことだったのだ。

毎日、「悔いのない一日だった」と思える日々を過《す》ごしてきたなら、たとえ本番にどんな演奏をしようと、それは「悔いのない演奏」になるはずだ。

（オレは口先だけで、悔いのない一日を送れていなかったんだ……）

ハルカは落ちこんだ。

けれど、本番に向けてすぐに気持ちを切り替《か》えた。

青いジャケットと白いズボンのステージ衣装《いしょう》を身につけ、いよいよ名門・習志野高校の代表としてコンクールで演奏するときが来たのだ。

出番がやってくると、Cメンの55人はステージに出てそれぞれの位置についた。ハルカやショウコたち1年生はもちろん、上級生もあきらかに緊張《きんちょう》していた。

準備《セッティング》が終わると、ホールにアナウンスが響《ひび》いた。

「4番。習志野市立習志野高等学校――」

客席から拍手《はくしゅ》が送られ、石津谷《いしづや》先生が指揮台《しきだい》に上がった。

先生は55人を見渡《みわた》してから指揮を振《ふ》り始めた。

だが、ホールに響《ひび》いた演奏《えんそう》は決して満足できるものではなかった。最初の課題曲《マーチ「春風の通り道」》はCメンの緊張感《きんちょうかん》がもろに出ていたし、その後の自由曲《歌劇《かげき》「イーゴリ公」より》はミスが目立った。よかったのはエノキ先輩《せんぱい》のオーボエソロくらいだ。

「こんなんで大丈夫《だいじょうぶ》なんだろうか」

演奏が終わってステージを出た後、ハルカは演奏前よりもさらに不安になった。

審査《しんさ》の結果、習志野高校は千葉県代表に選出され、東関東大会への出場が決まった。けれど、喜んでいる者は誰《だれ》もいなかった。

「このままだと東関東大会で代表落ちするかもしれない……」

みんながそんな危機感《ききかん》を覚えていた。

この大ピンチを乗り越《こ》えるにはみんなが結束するしかない。

それなのに、逆《ぎゃく》に55人の関係はギスギスしたものになっていったのだった。

夏休み終盤《しゅうばん》、勝負の東関東大会へ向けて吹奏楽部《すいそうがくぶ》は夏合宿を行った。

貸切《かしきり》バスに乗って習志野市を出発し、向かった先は山梨県《やまなしけん》にあるホテル。富士五湖《ふじごこ》のひとつ、西湖のすぐ近くというロケーションで、周囲には美しい景色が広がっていた。

ここなら思い切り音が出せるし、練習後に家に帰る必要もない。音楽に集中するには最高の環境《かんきょう》だった。

「旅行みたいだな」

出発前のハルカはウキウキした気分だった。

だが、いざ現地《げんち》に着いて練習が始まると、すぐに旅行気分は消え失せた。

演奏はまったくうまくいかなかった。むしろ本選大会のときより悪くなったのではないかと思うほどだった。

石津谷先生は指揮をしながら何度も顔をしかめた。

窓《まど》の外では緑の木々が夏の光にきらめいているのに、練習場の中は暗いムードに覆《おお》われていた。演奏がうまくいかないことによって、メンバーそれぞれの中に不満が生まれ、気持ちがバラバラになりかけていた。

業《ごう》を煮《に》やした石津谷《いしづや》先生がついにキレた。

「お前たちには団結力《だんけつりょく》がない！　それが音楽に表れてるんだよ。このまま合奏《がっそう》を続けても意味がない。お前たちだけで話しあえ！」

せっかく練習に集中できる環境《かんきょう》にいるのに、ミーティングをすることになってしまった。

「このままだと東関東で終わりだ。後悔《こうかい》しないように、力を合わせよう」

「お互《たが》いに思っていることは内側にためこまないで、どんどん言いあったほうがいいと思う」

3年生はどんどん気持ちをぶつけあい始めた。だが、ハルカたち1年生は先輩《せんぱい》たちに遠慮して、なかなか自分の思いをさらけ出すことができなかった。

（これで少しはよくなるのかな……）

と、先輩たちの様子をみながらハルカは思った。

結局、ほぼ1日をミーティングに費やした。

ハルカは精神的《せいしんてき》な疲《つか》れを感じながら、男子部員用の大部屋に戻《もど》った。

すると、そこにはアキモト先輩がいた。ハルカはまだ少し先輩のことが苦手だった。目を合わさないように入っていくと、こう声をかけられた。

「Ｃメン、石津谷先生に怒《おこ》られたんだって？」

「あ……そうなんです」

まさかアキモト先輩に話しかけられるとは思ってもみなかった。

「Ｃメンに選ばれたくせにふがいない」「しょせん、お前はその程度《ていど》だ」などと言われるのではないかとビクビクした。

「話、聞いてやるよ」

「え？」

先輩の口から飛び出した言葉があまりに意外で、思わずハルカは聞き返してしまった。

「お前もいろいろ言いたいことがあるんだろ？　オレが聞いてやるから、心の中にためこんでるものを全部言ってみろよ」

先輩の目はやさしかった。

アキモト先輩が苦手だという気持ちは一瞬《いっしゅん》で消えた。

ハルカは自分の思いを洗《あら》いざらいぶちまけた。

同期への不満、Ｃメン全体への不満、そして、何よりも自分自身への不満。全国大会に出られないかもしれないという不安。石津谷先生の音楽的な要求に応《こた》えられないくやしさ……。

アキモト先輩《せんぱい》に対して、こんなにも自分の心を打ち明けられてしまうことが不思議だった。けれど、言葉が止まらなかった。

ハルカがひと通りしゃべり終えたあと、アキモト先輩は言った。

「お前の気持ちはよくわかったよ。ただ、ババや3年生のことをもっと考えてやってくれ。3年生だからこそ感じること、3年生にならないとわからないこともあるんだ。高校最後だからってだけじゃなく、後輩《こうはい》を育てなきゃいけないとか、習高の伝統《でんとう》を途切《とぎ》れさせちゃいけないとかな。今のチューバパートでは、それをババが背負《せお》ってるんだから、ハルカはもっとあいつをサポートしてやってくれよ」

「……はい」

「頼《たの》んだぜ？　ハルカにはそれだけの力がある。オレが認《みと》める」

「わかりました」

アキモト先輩は今でもくやしい思いを抱《かか》えているだろう。なのに、こうしてババ先輩やハルカのことを見守り、心を配ってくれる――。

（すごい人なんだ。オレなんか全然かなわないくらい、アキモト先輩はすごい）

ハルカの目が熱くうるんだ。

「先輩、実はオレ、ずっと先輩にチューバを教えてもらいたかったんです。合宿が終わったら、時間のあるときに一緒《いっしょ》に練習してもらってもいいですか？」

「当たりまえだろ。いつでも言ってこいよ」

アキモト先輩は微笑《ほほえ》んだ。

つらいことばかりの合宿だった。けれど、アキモト先輩のおかげでハルカは救われた気持ちになったのだった。


合宿が終わったあと、習志野高校のＣメンは３年生を中心に少しずつお互《たが》いの気持ちを理解《りかい》しあい、心を通わせあうようになっていった。そうすることで、音楽にもまとまりが出てきた。

合宿の貴重《きちょう》な時間を費やしてミーティングをおこなった効果《こうか》が出てきたのだ。

（音楽っていうのは技術《ぎじゅつ》だけじゃなく、心も大切なんだな）

ハルカはそう気づいた。

そして、９月２日。Ｃメンは勝負の東関東大会に挑《いど》んだ。

ハルカたちが中学時代に跳《は》ね返された壁《かべ》。習志野高校は、毎年それを乗り越《こ》えてきた。

だからといって、「今回も絶対《ぜったい》行ける」とは限《かぎ》らない。

出場するのは千葉県・茨城県《いばらきけん》・神奈川県《かながわけん》・栃木県《とちぎけん》の各代表24校。どこが全国大会に出場してもおかしくないほどレベルの高い大会だ。

習志野高校は、21番目にステージに登場した。

石津谷《いしづや》先生が指揮台《しきだい》に上がり、持ち時間12分の演奏《えんそう》が始まった。

本選大会とは比《くら》べものにならない緊張感《きんちょうかん》だった。誰《だれ》もが不安で、誰もが動揺《どうよう》していた。

ハルカも、手足がふるえそうになるのを必死にこらえながらチューバを吹《ふ》いた。

石津谷先生はそんなCメンを、力強い指揮で引っぱった。

「お前たちの最高の演奏をしてみせろ！」

先生の指揮はそう語っているかのようだった。

それに応《こた》えたのは、エノキ先輩《せんぱい》のオーボエだった。

「みんなで名古屋に行くよ！」

美しいオーボエのソロにはそんなメッセージが込《こ》められているように感じられた。

55人の音楽が初めてひとつになった。

小さなミスはあった。テンポやハーモニーがわずかにずれたところもあった。でも、音と気持ちをまとめることができた喜びは、ミスを忘《わす》れてしまうほど大きかった。

演奏が終わったあと、みんな晴れやかな気分になっていた。今できるいちばんの演奏だった。自分たちの力を出しきれた。

ただ、心配なのは審査結果《しんさけっか》だった。

表彰式《ひょうしょうしき》が始まると、ハルカは客席で祈《いの》った。

（この調子でいけば、オレたちはまだまだうまくなれる。もっといい音楽を奏《かな》でられる。だから、ここでは終わりたくない！）

まわりでは先輩たちも、同級生も、みんな祈っていた。

各賞の発表では、習志野高校は金賞を受賞した。

そして、いよいよ代表校発表――。

会場にアナウンスが響《ひび》いた。

「プログラム――21番、習志野市立習志野高等学校！」

「うぉー！」とハルカは吠《ほ》えた。

みんなも絶叫《ぜっきょう》し、抱《だ》きあい、うれし涙《なみだ》を流した。

（習高に入ってたった5か月だけど、本当にいろんなことがあったよな……。でも、こうして夢《ゆめ》をかなえることができた。全国大会では完璧《かんぺき》な演奏《えんそう》をするぞ！）

ハルカは初めて味わう喜びの中でそう誓《ちか》った。

次は夢の舞台《ぶたい》、全日本吹奏楽《すいそうがく》コンクール。ハルカの心は、早くも名古屋へ飛んでいた。

「吹奏楽の甲子園《こうしえん》」の頂点《ちょうてん》へ

東関東大会から約1か月半後の10月22日。

習志野高校吹奏楽部はいよいよ勝負の地、愛知県名古屋市にやってきた。

夏に始まったコンクールは、ここが終着点だ。まぶしかった真夏の日ざしはとっくに消え、木々が紅葉《こうよう》している。長い月日をかけてたどり着いた場所なのだ。

Cメンはエノキ先輩《せんぱい》を中心に結束を強め、課題曲と自由曲を磨《みが》きあげてきた。ハルカも、ときにはアキモト先輩の指導《しどう》を受けながら演奏技術《えんそうぎじゅつ》を高めた。準備《じゅんび》は万全だった。

55人の目の前に、巨大《きょだい》な門のような真っ白いビルがそびえ立っていた。ビルの正面には特大サイズの騎馬《きば》の像《ぞう》。

それが「吹奏楽の聖地《せいち》」、名古屋国際会議場《なごやこくさいかいぎじょう》だった。

「何もかもでかい！　全国大会の会場だけあってスケールが違うな！」

ハルカは驚《おどろ》きながら騎馬像《きばぞう》を見上げた。

会議室や展示室《てんじしつ》などを備《そな》えた名古屋国際会議場の中に、全日本吹奏楽コンクールの会場となるセンチュリーホールがある。客席は約三千席。習志野高校がいつも定期演奏会《ていきえんそうかい》を行っている習志野文化《ならしのぶんか》ホールの約2倍の大きさだ。

全日本吹奏楽コンクール・高校の部は前半と後半に分かれて15校ずつが出場する。日本中から強豪校《きょうごうこう》、名門校が集まるため、入場券《にゅうじょうけん》がなかなか買えないほど人気の大会だ。

習志野高校は前半の部の10番目に出場予定だった。

ショウコは緊張感《きんちょうかん》と高揚感《こうようかん》が入り混じった、全国大会ならではの雰囲気《ふんいき》にのまれそうになった。

「私《わたし》、すごいところに来ちゃった……」

ショウコは吹奏楽コンクールに参加するのも初めてなら、全国大会の会場に来るのも初めて。それでも、そこが「聖地」であることは肌《はだ》で感じられた。

「でも、きっと大丈夫《だいじょうぶ》。エノキ先輩や頼れる先輩方がいてくれるから、私は自分なりにせいいっぱいやればいいんだ」

そう考えると、少しだけリラックスできた。

Cメンの55人は、まずはイベントホールという体育館のような広いところに通された。そこで楽器ケースから楽器を出し、組み立てや音出しなどの準備《じゅんび》をするのだ。

まわりには出番が近い他校の部員たちもいた。福島県の磐城《いわき》高校《こうこう》、熊本県《くまもとけん》の玉名女子高校《たまなじょしこうこう》など、衣装《いしょう》や髪型《かみがた》ですぐにわかった。いずれも全国大会の常連校《じょうれんこう》だ。逆《ぎゃく》に、青いジャケットと白いズボンのCメンに対しても、「あ、習志野が来たぞ」と他校から注目が集まるのがわかった。

準備が終わると、次にリハーサル室へ通された。そこでチューニングや、最後の合奏練《がっそうれん》習《しゅう》をした。

何度もメンバー同士でぶつかりあってきた。演奏《えんそう》に納得《なっとく》できないこともあった。泣いたことも、くやしくて眠《ねむ》れなかったこともあった。でも、ここまで来たら、思いきりやるだけだ！

みんなの気持ちが、がっちりとひとつになった。

リハーサル室を出ると、舞台裏《ぶたいうら》へ向かった。

ライトに照らされたステージに引きかえ、反響板《はんきょうばん》と呼《よ》ばれる壁《かべ》に仕切られた舞台裏は真っ暗だった。そして、肌寒《はださむ》く感じるほど空気がひんやりしている。

その暗がりの中で、55人と石津谷《いしづや》先生は出番を待った。

ステージでは、出番がひとつ前の玉名女子高校が演奏している。その音が反響板の向こうから聞こえてきた。

「この学校、すごい。こんな整った音、今まで聴《き》いたことがないよ」

ショウコは驚《おどろ》いた。

全員の音がまるでひとつの楽器のようにとけあっている。やはり全国大会に出てくるバンドは飛びぬけた実力を持っているのだ。気持ちが、負けそうになった。

「でも、習高だって……！」

ショウコは唇《くちびる》をギュッと横に結んだ。

他のメンバーもそれぞれに緊張《きんちょう》やプレッシャーとたたかっていた。

ステージで演奏が終わり、拍手《はくしゅ》が聞こえてきた。

「次の団体《だんたい》、どうぞ」

係員から声がかかった。

「よし、行くぞ！」

全員が楽器を持ち、列になってステージへと出ていった。

ハルカの目の前にホールの景色が広がった。客席はぎっしりと埋《う》まっていた。

（ここが「吹奏楽《すいそうがく》の甲子園《こうしえん》」、これが三千人の風景か……）

ハルカは表情《ひょうじょう》を変えないようにしながらも、内心では驚《おどろ》いていた。小学校から吹奏楽をやってきたけれど、こんなにたくさんの観客を目にするのは初めてだ。

55人がそれぞれにステージでセッティングをした。青と白の衣装《いしょう》を見て「習志野《ならしの》だ」「習志野が来た」とささやく観客の声が聞こえてきた。

（やっぱり習高って有名なんだな）

ハルカは改めて思った。

（その名前と伝統《でんとう》をけがさない演奏《えんそう》をしなきゃ）

ハルカが気合いを入れ直したとき、頭上の照明がパーッと明るくなった。まるで天国からの光が降《ふ》り注いでくるかのように。

ハルカの胸《むね》の鼓動《こどう》が激《はげ》しくなった。

会場にアナウンスが響《ひび》いた。

「プログラム10番。東関東代表、千葉県、習志野市立習志野高等学校吹奏楽部。課題曲４に続きまして、ボロディン作曲《歌劇《かげき》「イーゴリ公」より》。指揮《しき》は石津谷治法《いしづやはるのり》です」

石津谷先生が客席に向かってお辞儀《じぎ》をすると、大きな拍手《はくしゅ》が送られた。

先生は55人を見渡《みわた》し、指揮台に上がった。

会場はしんと静まり返る。ハルカたちの緊張《きんちょう》も最高潮《さいこうちょう》に達した。

大観衆《だいかんしゅう》が固唾《かたず》をのんで見守るなか、石津谷先生の手が動いた。

トンと最初の一拍目《いっぱくめ》を振《ふ》るのと同時に、55人が寸分《すんぶん》の狂《くる》いもなく最初の音を響かせた。

課題曲《マーチ「春風の通り道」》の始まりだ。

まるでCメンが全員で行進しているかのように、演奏は明るく、軽快《けいかい》に進んだ。

ハルカはブンッ、ブンッ、ブンッ、ブンッ……とチューバでリズムを刻《きざ》みながら、自分が思っていた以上に落ち着いていることに気づいた。夢《ゆめ》のステージにいるのに、手足がふるえたり、頭が真っ白になったりすることはなかった。いや、むしろ、逆《ぎゃく》だった。

（なんだ、これ⁉　めちゃくちゃ楽しいぞ！）

全国大会での演奏は喜びに満ちていた。

苦労して練習してきたことが、すべてできていた。ステージから心地のよい響きがホール全体を満たして、観客をも楽しませているのが感じ取れた。

ハルカにとって今までにない経験《けいけん》だった。

課題曲は最初から最後まで完璧《かんぺき》だった。

石津谷《いしづや》先生はいったん両手を下ろし、少しだけ間を置いた。

そして、再《ふたた》び指揮《しき》を振《ふ》り始めた。次は自由曲の《歌劇《かげき》「イーゴリ公」より》だ。

出だしから木管楽器も金管楽器も細かい音符《おんぷ》が続くが、誰《だれ》もが自信に満ちあふれながら演奏《えんそう》した。練習での苦労がウソのように、流れるようなサウンドが響《ひび》いた。

続いて、エノキ先輩《せんぱい》のオーボエのソロ。神がかった美しさは、ハルカやショウコたちまでがゾクゾクするほどだった。

それに引っ張《ぱ》られるように他のCメンも今までで最高の演奏を披露《ひろう》した。

石津谷先生はときおり笑みを浮《う》かべたり、目を細めて音楽に耳を澄《す》ませたりしながら指揮していた。そんな先生のようすを見て、ハルカは「今、すごくいい演奏ができているんだ」と思った。それが、さらなる自信につながった。

先生の指揮とCメンの演奏は一体となっていた。ぶつかりあっていたころは一人ひとりがバラバラだったのに、今は音楽という液体《えきたい》にみんなが溶《と》けこみ、混《ま》ざりあっているみたいだった。

ハルカにとって、それはふるえるほど気持ちがいい時間だった。

（これが本当の音楽の喜びなんだな）

そして、ハルカは気づいた。

（この場所が「吹奏楽《すいそうがく》の甲子園《こうしえん》」と呼《よ》ばれて、みんながここをめざす意味がわかったぞ。「全国大会出場」「全国大会金賞」っていう名誉《めいよ》が欲《ほ》しいわけじゃない。この楽しさはここでしか味わえないからなんだ！）

55人が奏《かな》でる音が最高潮《さいこうちょう》に達し、習志野高校の12分間の演奏が終わった。

石津谷先生が客席に向かってお辞儀《じぎ》をすると、三千人の観客から拍手《はくしゅ》と「ブラボー！」の声が湧《わ》き上がった。ものすごい歓声《かんせい》だった。

「すべてやりきった」

そんな満足感を胸《むね》に、ハルカたちはステージをあとにした。

前半の部の15校の演奏がすべて終わったあと、表彰式《ひょうしょうしき》になった。

ステージ上のひな壇《だん》に各校の代表者が並《なら》び、１校ずつ結果が発表されていった。

どの学校も金賞を取り続けて全国大会に来ている。けれど、ここでは銀賞や銅賞《どうしょう》がついてしまうこともある。金賞をとれなかった学校の部員たちの中には泣き出す者もいた。

（きっとみんな、オレたちと同じくらい思いを込《こ》めて練習してきたんだろう）

客席で他のメンバーと表彰式《ひょうしょうしき》を見ていたハルカは思った。

他校の部員たちのくやしさが痛《いた》いほどわかった。みんなライバルだけど、同じ夢《ゆめ》を追い求め、音楽に打ちこんできた仲間なのだとハルカは思った。

と、習志野《ならしの》高校《こうこう》の前の玉名女子高校が「ゴールド金賞」と発表され、会場にワーッと喜びの声が広がった。

ショウコは思った。

（やっぱり舞台裏《ぶたいうら》で聴《き》いた演奏《えんそう》のすごさは本物だったんだ）

ハルカは少し心配になった。

（習高、大丈夫《だいじょうぶ》かな……）

金賞はまだ玉名女子高校にしか出ていない。全部で4、5校に金賞が与《あた》えられると聞いていたから、まだチャンスは残っているはずだ。

いよいよ習志野高校の成績《せいせき》が発表されるときが来た。

「10番、習志野市立習志野高等学校――」

（最高の演奏ができたんだ。頼《たの》む！）

ハルカは祈《いの》った。

一瞬《いっしゅん》の静寂《せいじゃく》のあと、会場にアナウンスが響《ひび》いた。

「ゴールド金賞！」

喜びが爆発《ばくはつ》した。

女子は絶叫《ぜっきょう》し、男子は雄叫《おたけ》びを上げた。泣き、笑い、手を叩《たた》いて抱《だ》きあった。

習志野高校吹奏楽部《すいそうがくぶ》は、「吹奏楽の甲子園《こうしえん》」の頂点《ちょうてん》に立ったのだ。

最高の演奏に、最高の評価《ひょうか》をもらうことができた。すべての苦労が報《むく》われた。

ハルカの脳裏《のうり》に、習志野市で待っているアキモト先輩《せんぱい》やホノカ、リコといった仲間たちの顔が浮《う》かんできた。きっとみんなも喜んでくれるに違《ちが》いない。

表彰式が終わると、会場の外に出て短いミーティングをした。「金賞」と書かれた表彰《ひょうしょう》状《じょう》とトロフィーを持って部長たちがやってくると、みんなは拍手《はくしゅ》で迎《むか》えた。

石津谷《いしづや》先生も満面の笑みを浮かべ、「よくやった！」と言ってくれた。

ただ、歓喜《かんき》の輪の中でハルカはふと我《われ》に返った。

（オレたち1年生には、来年も、再来年《さらいねん》もコンクールがある。ということは、今年の演奏を超《こ》えるものをめざしていかなきゃならないってことだよな）

はたして、そんなことができるのだろうか。

ハルカの背中《せなか》をヒヤッとしたものが通りぬけた。


ハルカたちCメンが全日本吹奏楽《すいそうがく》コンクールで金賞を受賞した1か月後。

今度はホノカたちMメンが「マーチングの聖地《せいち》」である大阪城《おおさかじょう》ホールで全日本マーチングコンテストに挑《いど》み、Cメンに続いてみごと金賞を受賞した。

しかも、同じ日に行われた中学校の部にハルカたちの母校・習志野四中が初出場し、金賞を獲得《かくとく》。習志野市立第二中学校《ならしのしりつだいにちゅうがっこう》も金賞に輝《かがや》いた。

また、その前日に大阪城ホールで行われていた全日本小学生バンドフェスティバルでは、ショウコの母校の大久保小が金賞を受賞した。

「音楽のまち　習志野」から出場した4つの学校がすべて金賞！　それは史上初の快挙《かいきょ》だった。

２年目の後悔《こうかい》

年が変わり、春がやってきた。

エノキ先輩《せんぱい》やババ先輩、アキモト先輩の代の３年生が卒業し、ハルカたちは２年生になった。部活にもすっかり慣《な》れ、新入部員を迎《むか》えて「先輩」になった。

コンクールに向けてオーディションが行われ、ハルカやショウコとともにホノカもＣメンに選ばれた。リコはＭメンでマーチングに取り組むことになった。

ホノカはショウコと仲よしだった。

「Ｃメンはいつもこんなふうに練習をするんだよ」

「去年はこうやってたよ」

ホノカはショウコからＣメン情報《じょうほう》をいくつも教えてもらった。

前の年はたくさんの貴重《きちょう》な経験《けいけん》をし、全国大会で金賞に輝いた。その演奏《えんそう》は「名演《めいえん》」と呼《よ》ばれた。音楽的にも人間的にも成長できた。今年はさらに充実《じゅうじつ》した一年になるはずだった。

けれど――待っていたのは落とし穴《あな》だった。

あまりにもエノキ先輩《せんぱい》たちの代の影響《えいきょう》が大きすぎた。ハルカたち2年生はことあるごとに新3年生と前の3年生を比《くら》べてしまった。そして、「去年とは違《ちが》う」「去年はこんなじゃなかった」と不満を募《つの》らせた。

特に、部長をめざしていたハルカは、3年生にたびたび反抗《はんこう》した。

「生意気なことを言うようですけど、先輩方《せんぱいがた》は去年のエノキ先輩たちみたいな活動も演奏《えんそう》もできてないんじゃないですか？」

そんな強気な発言までしてしまったことがあった。

それもこれも、去年の全国大会での演奏が「名演《めいえん》」だったからこそだ。「あの演奏を超《こ》えなければ」というプレッシャーが焦《あせ》りを生んでいたのだ。

その後、3年生と2年生はお互《たが》いに歩み寄《よ》ろうと努力をした。

そして、Cメンはこの年も全日本吹奏楽《すいそうがく》コンクールに出場した。

だが、「名演」の壁《かべ》を打ち崩《くず》すことはできなかった。決して悪い演奏ではなかったが、「もっとできたはずだ」という悔《く》いを残す演奏となった。

審査結果《しんさけっか》は、銀賞。

くやし涙《なみだ》を流す3年生を横目に見ながら、ハルカは泣くことができなかった。

（涙が出てこないのは、頭のどこかで「オレたちにはまだ来年がある」「来年が勝負だ」と思ってしまっているからだ。でも、先輩たちには今年しかなかった。高校生活最後のコンクールなのに、オレたちは反抗的《はんこうてき》だったし、まとまりのなさが音楽にも出てしまったんだ。あぁ、オレたちはなんてことをしてしまったんだろう……）

ハルカは後悔《こうかい》した。

できることなら、もう一度4月からやり直したかった。

最初からみんなで協力しあい、3年生を支《ささ》えたかった。みんなで最高の音楽をめざし、全国大会で笑いたかった。嬉し泣きしたかった。

でも、今となっては100パーセント不可能《ふかのう》な願いだった。

Cメンのコンクールは、終わってしまったのだ。

1か月後、リコたちMメンが全日本マーチングコンテストで金賞をとってくれたのがせめてもの救いだった。

2つの全国大会のあと、次の年の幹部《かんぶ》を決める選挙が行われた。

部員全員の投票の結果、部長に選ばれたのはハルカだった。

ついに、中学時代からめざしていた習志野高校吹奏楽部のトップになったのだ。

ホノカは部長や副部長とともに部活を引っぱる総務《そうむ》という役職《やくしょく》と、木管パートをまとめる木管セクションリーダーに決まった。ショウコもチューバパートのパートリーダーと、金管パートをまとめる金管セクションリーダーになった。それぞれ重要な役割《やくわり》だ。

ハルカは「習志野高校に入る」という夢《ゆめ》に続き、「習志野高校吹奏楽部《すいそうがくぶ》の部長になる」という夢もかなえた。けれど、浮《うわ》ついた気持ちにはなれなかった。

名門・習志野高校吹奏楽部を引っぱっていくという責任感《せきにんかん》。長い伝統《でんとう》を受け継《つ》ぎ、絶《た》やさないようにしなければいけないという重圧《じゅうあつ》。先生や先輩《せんぱい》たちへの恩返《おんがえ》しをし、自分たちの高校生活最後の年を飾《かざ》る「最高の音楽」を作り上げるという覚悟《かくご》――。

部長というのは、誰《だれ》よりも大変な立場だ。

ハルカは目にグッと力を込《こ》め、これから迎《むか》える大事な大事な一年を見すえた。

「やってやる。もう後悔《こうかい》は、しない」

それは静かな、けれど、揺《ゆ》るぎのない決意だった。

♪第４楽章　青春の「美爆音《びばくおん》」

センバツ甲子園《こうしえん》、最強の相手との対戦

ハルカたちが３年生への進級を控《ひか》えた初春、習志野高校に嬉《うれ》しいニュースが飛びこんできた。

甲子園球場《こうしえんきゅうじょう》で行われる春の選抜高等《センバツ》学校野球大会に、野球部が10年ぶりに出場することが決定したのだ。しかも、野球部の背番号《せばんごう》１、エースピッチャーはハルカと幼稚園《ようちえん》で一緒《いっしょ》だった飯塚《イイヅカ》脩人《シュウト》だ。

「イイヅカが甲子園で優勝《ゆうしょう》できるように、オレたちが美爆音で応援《おうえん》しよう！」

ハルカや部員たちは初めて甲子園で演奏《えんそう》できることに興奮《こうふん》していた。野球が大好きな石《いし》

津谷治法《づやはるのり》先生も燃《も》えていた。

桜《さくら》の花が舞《ま》い散る3月下旬《げじゅん》、吹奏楽部《すいそうがくぶ》はバスに乗り、習志野市《ならしのし》から兵庫県にある甲子園《こうしえん》球場《きゅうじょう》へ向かった。

「これが『高校野球の聖地《せいち》』か」

球場の前に到着《とうちゃく》すると、ハルカは球場を見上げた。

阪神《はんしん》タイガースの本拠地《ほんきょち》でもあるその球場は、音楽ホールとはまた違《ちが》う威厳《いげん》を漂《ただよ》わせていた。外壁《がいへき》は緑の蔦《つた》に覆《おお》われ、歴史と伝統《でんとう》を感じさせた。

野球部はこの場所をめざし、吹奏楽部は「吹奏楽の甲子園」である名古屋国際会議場《なごやこくさいかいぎじょう》センチュリーホールをめざしてきた。

だからこそ、ハルカには野球部やイイヅカの気持ちがわかる気がした。

ハルカはイイヅカたちが毎日グラウンドで泥《どろ》や汗《あせ》にまみれながら厳《きび》しい練習を続けてきたことを知っていた。つらい経験《けいけん》もしただろう。イイヅカは背番号《せばんごう》1を背負《せお》うプレッシャーも大きかっただろう。

そして、ついに夢《ゆめ》の舞台《ぶたい》に立つのだ。

「野球部にとって、ここが最高のステージなんだな」

ハルカは全日本吹奏楽コンクールのステージに出ていくときの緊張感《きんちょうかん》や高揚感《こうようかん》を思い出した。きっと今、イイヅカはこの球場のどこかで、同じような気持ちで試合開始を待っているのだろうと思った。

臙脂色《えんじいろ》のTシャツに青いジャージ姿《すがた》の吹奏楽部員は、楽器をかかえて球場の中へと入っていった。

「わぁっ！」

部員たちからそんな驚《おどろ》きの声が漏《も》れた。

グラウンドは、外からは想像《そうぞう》もできないほど広かった。

外野の緑の芝《しば》はまぶしく輝《かがや》き、内野の黒々とした土の上には白線がくっきりと浮《う》かび上がっていた。外野席の中央には大きな電光掲示板《でんこうけいじばん》があり、その上で旗が風に揺《ゆ》れていた。

まさに「聖地」だ。

吹奏楽部はアルプススタンドと呼《よ》ばれるエリアで応援《おうえん》をすることになっていた。ちょうど内野席と外野席の間くらいの位置だ。

スタンドは階段状《かいだんじょう》になっている。吹奏楽のステージで使われるひな壇《だん》とは比《くら》べものにならないくらいの急角度だ。部員たちは転げ落ちないように気をつけながら演奏《えんそう》の準備《じゅんび》をした。

ハルカは、いちばんグラウンドに近い最前列に立った。習志野高校の応援《おうえん》では、部長が指揮《しき》をする。ハルカ部長の初の大仕事が、甲子園《こうしえん》だった。

「よし、オレたちの自慢《じまん》の美爆音《びばくおん》で野球部を応援するぞ！」

そう意気ごんだ。

一回戦では、習志野高校野球部は先攻《せんこう》だった。

試合開始を告げるサイレンが球場に鳴りひびくと、ハルカはスタンドにずらっと並《なら》んだ吹奏楽部員《すいそうがくぶいん》に向けて大きく両手を上げた。そして、力強く手を振《ふ》り下ろし、指揮を始めた。

試合の最初に演奏《えんそう》するのは習志野高校の校歌と決まっている。

ダン、ダン、ダンダンダン！

勇ましい打楽器《パーカッション》に合わせ、ずらりと並んだ管楽器から美爆音が飛び出した。ハルカは仲間たちの奏《かな》でる音を全身で浴びた。皮膚《ひふ》がふるえるほどの迫力《はくりょく》に全身がゾクゾクした。

すると、指揮をするハルカの背後《はいご》でカキーンと快音《かいおん》が響《ひび》いた。

美爆音に後押《あとお》しされた野球部は初回から大量点をとった。

そして、その後も有利に試合を運び、一回戦を勝利。8回からリリーフでマウンドに上ったイイヅカもみごとなピッチングを披露《ひろう》したのだった。

習志野高校野球部は二回戦、三回戦と勝ち進んだ。

そして、ついに春のセンバツの頂点《ちょうてん》を決める決勝戦に進出した。

ハルカたち吹奏楽部も大いに盛《も》りあがっていた。

「絶対優勝《ぜったいゆうしょう》するぞ！」

「おーっ！」

だが、決勝の相手は「最強の敵《てき》」だった。

それはセンバツに30回出場、４回の優勝を誇《ほこ》る愛知県の東邦高校《とうほうこうこう》。

しかも、そのアルプススタンドには最強の助っ人——大阪桐蔭高校《おおさかとういんこうこう》吹奏楽部がいた。

大阪桐蔭の吹奏楽部は全国大会の常連校《じょうれんこう》で、金賞も４回受賞している。

東邦高校の応援を担当《たんとう》するマーチングバンド部の海外遠征《かいがいえんせい》が春のセンバツと重なってしまったため、甲子園に近い大阪桐蔭が応援を買って出たのだ。

大阪桐蔭の応援はその美しさで、東邦の応援はダイナミックな動きで有名だった。そして、決勝では大阪桐蔭と海外遠征から帰ってきた東邦が合体した大応援団《だいおうえんだん》が、ハルカたちがいるのとは反対側のアルプススタンドに陣取《じんど》っていた。

野球部もライバルなら、応援《おうえん》もライバルだった。

(野球も応援も、おもしろくなりそうだ)

ハルカは武者《むしゃ》ぶるいしながら、アルプススタンドの最前列に立った。

甲子園球場《こうしえんきゅうじょう》にサイレンが鳴りひびき、習志野高校の先攻《せんこう》で試合が始まった。

ハルカは力強く指揮《しき》を振《ふ》り、校歌から応援演奏《おうえんえんそう》をスタートさせた。

自慢《じまん》の美爆音《びばくおん》が、超満員《ちょうまんいん》の甲子園球場に響《ひび》きわたった。

(向こうのスタンドにも届《とど》いているかな?)

ハルカは後ろを振り返り、反対側のアルプススタンドに目を向けた。

習志野高校野球部の攻撃《こうげき》は無得点に終わり、今度は東邦高校の攻撃に替わった。

反対側のアルプススタンドから演奏が聞こえてきた。

その瞬間《しゅんかん》、ベンチに腰《こし》かけて休息していた習志野高校吹奏楽部《すいそうがくぶ》の部員たちの動きが止まった。まるでコンクールやコンサートのようにきれいな音だった。それなのに、迫力《はくりょく》もあり、よく響いてくる。

「大阪桐蔭、やばい!」

「さすがだな……」

部員たちが顔をこわばらせながらつぶやいた。

大阪桐蔭の演奏の美しさに、東邦高校の特徴《とくちょう》であるダイナミックな動きが加わり、美爆音とはまた違《ちが》った迫力のある応援になっていた。

今まで対戦した学校の中で、文句《もんく》なく「最強」の応援だった。そして、その応援を受けた東邦の野球部は初回から猛攻《もうこう》を仕掛《しか》け、３点を奪《うば》った。

（野球部も強い。応援もすごい。最高の決勝戦じゃないか！）

ハルカは目の前にそびえ立つアルプススタンドを見上げた。ホノカやリコ、ショウコの顔が見えた。

（野球部の反撃を後押《あとお》ししよう。みんな、頼《たの》んだぞ！）

ハルカは力いっぱい腕《うで》を振り下ろした。

初回よりもさらにパワーが増《ま》した美爆音が甲子園に響きわたった。

センバツの決勝戦は６対０で東邦が勝ち、優勝《ゆうしょう》を果たした。

習志野高校野球部は敗れはしたが、準優勝《じゅんゆうしょう》という充分立派《じゅうぶんりっぱ》な結果を残した。

地元の習志野市《ならしのし》は野球部の活躍《かつやく》に大いに沸《わ》いた。と同時に、「美爆音《びばくおん》」の習志野高校吹《すい》奏楽部《そうがくぶ》の知名度もさらに上がった。

ハルカは甲子園《こうしえん》から帰ってきて家の近所を歩いているとき、地元の人から声をかけられた。

「ブラバンの部長さんだよね？　甲子園、テレビで見てたよ」

「美爆音、よかったよ！」

ハルカはちょっとした有名人になったような気分を味わった。

テレビや新聞などにもたくさん取り上げられ、美爆音は全国に知れわたったのだった。

最後の自由曲は《火の鳥》

春のセンバツが終わり、ハルカたちは高校3年生になった。

吹奏楽部は60人の1年生を迎《むか》え、部員数は２０４人となった。

ハルカは音楽ホールに集まった部員たちを見渡《みわた》し、心の中でこう思った。

（きっとオレたちの代も、何かとエノキ先輩《せんぱい》たちの代と比《くら》べられるだろうな。よし、先輩

たちの代を超《こ》える年にしよう。それが、去年の3年生への恩《おん》がえしにもなるはずだ）

2年前は、エノキ先輩をはじめとしたエースプレイヤーが各パートにいた。だが、今年は飛びぬけたエースはいない。だとすると、総合力《そうごうりょく》で勝負するしかない。

ハルカは毎日張《は》りきって音楽ホールにやってくると、3年生に声をかけた。

「最高の年にしようぜ！」

「オレたちがまとまって、後輩《こうはい》をガンガン引っぱっていこう！」

「《イーゴリ公》を超える演奏《えんそう》をめざそう！」

ところが、ハルカが期待するほど3年生は燃《も》えてきてくれなかった。ハルカは「自分だけが空回りしている」と感じ、落ちこんだ。

（今からこんなんで、高校生活最後の年なのにどうなっちゃうんだろう）

新年度が始まったばかりなのに、先行きが不安だった。

落ちこんでいるハルカのようすを、ホノカは心配そうに見つめていた。

（中学のときもストレスをためこんで爆発してたけど、今回は大丈夫《だいじょうぶ》かな……）

習志野四中と習志野高校では、規模《きぼ》も、伝統《でんとう》の重さも違《ちが》う。ハルカが部長のプレッシャーに耐《た》えきれるのか、ホノカは気がかりだった。

それはショウコも同じだ。ショウコは1年生のころからいちばん近くでハルカを見てきた。

「あ、また誰《だれ》かとトラブったな」

「先生に怒《おこ》られたのかな？」

「今日はいつも以上に落ちこんでる」

言葉で語らなくても、表情《ひょうじょう》を見ただけでハルカの状態《じょうたい》を察することができた。

部長になってからのハルカは、冴《さ》えない表情をしていることが多かった。

「私《わたし》、どうしてあげたらいいんだろ？」

ハルカは吹奏楽部《すいそうがくぶ》のトップなのだから、暗い顔は見たくなかったし、後輩《こうはい》たちにも見せてほしくなかった。かといって、軽々しくハルカの気持ちに踏《ふ》みこんで、慰《なぐさ》めたり励《はげ》ましたりしていいものか、ショウコにはわからなかった。

それに、ショウコ自身も金管セクションリーダーとして悩《なや》みを抱《かか》えていた。

ショウコには基礎合奏《きそがっそう》のときに指揮台《しきだい》に立って指揮をしたり、あれこれ指示《しじ》したりする役割《やくわり》があった。

「もっと音の出だしをそろえてください！」

「まわりの音をよく聴《き》いて！」

ショウコはせいいっぱい呼《よ》びかけた。けれど、みんなの反応《はんのう》がうすいことが多く、伝わっているのかどうかわからなかった。

（私は石津谷《いしづや》先生じゃないから、指示を聞く気にならないのもしょうがないよね。でも、こんな練習なら、やる意味があるのかな）

ショウコは自分の力不足を感じた。だが、どうやって改善《かいぜん》したらいいのかわからず、焦《あせ》れば焦るほどみんなはついてこなくなった。

そんなとき、何も言わなくても気づいてくれたのは、ハルカだった。

「ショウコ、なんか悩んでる？」

「私、基礎合奏がうまく仕切れなくて……」

「そっか。確《たし》かに、うまくはいってないな」

「どうしたらいい？」

「オレが思うに、みんなの態度も問題だけど、ショウコも少しやり方を変えてみたらいいんじゃないかな。ショウコのほうからみんなに歩み寄《よ》ってみたら？」

「私から……。そうだね、そうしてみる！」

ショウコはようやく笑顔になれた。そして、こう付け加えた。

「ハルカも、いつでも私《わたし》に相談してよ」

「……ありがとう。頼《たよ》りにしてる」

以前はライバル意識《いしき》を持っていたふたりが、リーダーとしてともに壁《かべ》に直面し、支《ささ》えあいながら前へ進んでいこうとしていた。


ハルカたちにとって高校生活最後のオーディションが行われた。

ハルカ、ショウコ、ホノカはCメンとしてコンクールに、リコはMメンとしてマーチングコンテストに挑《いど》むことが決まった。

そして、石津谷治法《いしづやはるのり》先生の口からコンクールの自由曲が発表された。

「今年は《火の鳥》で行く」

Cメンに選ばれた55人はどよめいた。

《バレエ音楽「火の鳥」》は、ロシアの作曲家であるイーゴリ・ストラヴィンスキーが作曲したバレエのための音楽だ。

「ずっと石津谷先生がやりたがってた曲だよね？」

「そんなお気に入りの曲を、オレたちの自由曲にしてくれたのか！」

「いい曲だよね、《火の鳥》って」

みんなは喜んでいた。

ハルカも嬉《うれ》しかったが、同時に気が引き締《し》まった。

（石津谷先生は《火の鳥》に深い思い入れがあるはずだ。そんな大事な曲を選んでもらったんだから、先生の思いに応《こた》え、先生が望む理想の音楽をつくり上げるのが、オレたちの使命だ）

実は、習志野高校は９年前にも《火の鳥》を演奏《えんそう》しており、全国大会で銀賞だった。ハルカはそのときの演奏を聴《き》いてみたが、とても銀賞とは思えないすばらしい演奏だった。

自分たちはその９年前の演奏も、２年前の《イーゴリ公》の名演《めいえん》も超《こ》えなければならない。難《むずか》しすぎる課題だった。

（大変なことになったな）

それに加えて、ハルカには気がかりなことがあった。

（なんで今年、《火の鳥》なんだろう？　それに、先生の腕《うで》……）

しばらく前から、石津谷先生は腕に白いテーピング（関節などのケガを予防《よぼう》したり、悪化するのを防《ふせ》いだりするためにテープを貼《は》ること）をするようになっていた。ときどき合《がっ》奏練習中《そうれんしゅうちゅう》に「痛《いた》い、痛い」とつぶやいているのを聞いたこともあったし、顔をしかめているることもあった。

そのことと、《火の鳥》が自由曲に選ばれたことにはどんな関係があるのだろうか。

考えれば考えるほど、悪い予感しかしてこなかった。

（このまま逃《に》げ出したい……）

ときにはそんな考えにとらわれてしまうこともあった。

重圧《じゅうあつ》でくじけそうになったときは、シンプルに原点に帰って楽器を吹《ふ》くしかない。

（頼《たの》むぞ、チューバ！）

大きく、重く、どんなときでもどっしりかまえて動じないハルカの相棒《あいぼう》。

けれど、いくら勢《いきお》いよく息を吹きこんでも、ハルカの不安が乗り移《うつ》ったかのように、べルから響《ひび》き出す低い音はゆらゆらと揺《ゆ》れていた。

習志野《ならしの》のまちで「夢《ゆめ》」つないで

６月、習志野市小学校管楽器講座《ならしのししょうがっこうかんがっきこうざ》がスタートした。

ちょうど６年前、ハルカが初めて習志野高校吹奏楽部《ならしのこうこうすいそうがくぶ》と出会い、ショウコとも出会い、吹奏楽やチューバの奥深《おくぶか》さを知るきっかけになった講座だ。

そして、高３となり、いよいよ今度は自分たちが習志野市の小学６年生に楽器の演奏《えんそう》を教える番になったのだ。

「めっちゃドキドキするなぁ」

初回となる日曜日の朝、ハルカはテンションがあがっていた。

そのようすを見ていた母がハルカに言った。

「ハルカに夢を与《あた》えてくれた講座だもんね。今度はあなたが夢を与える番よ」

夢――。

その言葉は、ハルカの心に刺《さ》さった。

（もしかして、習志野が「音楽のまち」なのは、夢があるからかな？）

習志野市《ならしのし》では、習志野高校をはじめさまざまな学校がコンクールやコンテストで優秀《ゆうしゅう》な成績《せいせき》を残している。全国的にも有名だ。けれど、成績だけで「音楽のまち」と呼《よ》ばれるようになったわけではないはずだ。

「私《わたし》もステージの上でキラキラ輝《かがや》きたい！」

「あんなふうにカッコよく楽器が吹《ふ》けるようになりたい！」

「音楽で人を感動させてみたい！」

音楽を奏《かな》でる楽しみや喜びが、次の世代に夢《ゆめ》を与《あた》え、その世代がかなえた夢がさらに次の世代の夢となる。

きっとハルカが生まれるずっと前から、習志野市ではそうやって夢が受け継《つ》がれてきたのだろう。「音楽のまち」はみんなの夢でできているのだ。

ハルカも、小学生のころに夢を受け取り、育ててきた。そして、母の言うように、今度は自分が次の世代に夢を与える番になったのだ。

（オレも習志野のまちの夢の一部になれているんだ……。迷《まよ》うことや悩《なや》むことも多いけど、オレのやってきたことにもちゃんと意味があるんだな）

そう考えると、目頭が熱くなった。

泣きそうなのをごまかすように、元気よく「行ってきます！」と言ってハルカは家を出た。

会場は、ハルカの母校の東習志野小学校。校舎《こうしゃ》は当時と何も変わっていなかった。

ハルカたち習志野高校の3年生は、集まってきた小学生を楽器ごとに違《ちが》う教室へ案内し、パート練習からスタートした。

チューバは2つの教室に分かれ、片方《かたほう》ではショウコがリーダーとなって指導《しどう》をした。

「これから順番にB♭《べー》音を4拍《はく》ずつロングトーンしていきます。小学生は、習高生の音をよく聴《き》いて、近づけられるように吹いてみてください」

「はい！」

小学生たちが高い声で返事をした。中には体格《たいかく》のいい男の子もいる。

（ふふ、昔のハルカみたい……）

ショウコは思わずほほえんだ。

そして、「せーの！」と合図を出すと、ボーッというチューバの低い音が教室に響《ひび》いた。

ハルカはもうひとつの部屋で指導していた。緊張《きんちょう》しながらも高校生の言葉や音を一生懸《いっしょうけん》命聴《めいき》いている小学生を見て、「この姿《すがた》を忘《わす》れないようにしよう」と思った。

楽器ごとの練習が終わると、全員が体育館に集まって大合奏《だいがっそう》をした。

指揮台《しきだい》に立つのは、部長であるハルカの役目だ。

小学校のころ、習志野高校の部長を見て「オレもあんなふうになりたい」と思った。今、実際《じっさい》に自分が部長になっていることが奇跡《きせき》のように思えた。

小学生たちのつぶらな目がハルカに注がれる。どの目もキラキラ輝《かがや》いていた。

「それじゃあ、やってみましょう！」

ハルカの指揮に合わせて、２００人の小学生が演奏《えんそう》した。

技術《ぎじゅつ》は習志野高校とは比《くら》べものにならない。テンポも、音程《おんてい》も、バラバラだ。けれど、そこには「音楽って楽しい！」という純粋《じゅんすい》な喜びがあふれていた。

今日は小学生たちに夢《ゆめ》を与《あた》えにきた。でも、逆《ぎゃく》に小学生から大事なことを教えられているのだ、ということにハルカは気づいた。

ふと、目の前にいる小学生たちの中に、7年前のホノカやリコ、ショウコ、ハルカの姿《すがた》が浮《う》かんできた。そして、親友のカズトも――。

（カズト、幕総《まくそう》でがんばってるのかな？　あいつが習高に来てくれたら、オレの悩《なや》みも少しはましになっていたのに……）

カズトとじゃれ合いながら、ただただ部活を楽しんでいたころが心からなつかしかった。

夏の甲子園《こうしえん》にとどろく美爆音《びばくおん》！


夏が近づき、吹奏楽部《すいそうがくぶ》の練習はだんだん厳《きび》しいものになっていった。

コンクール自由曲の《火の鳥》は過去《かこ》２年間の自由曲よりも難《むずか》しく、Ｃメンの55人は楽《がく》譜《ふ》とにらめっこしながら練習を続けた。

ハルカは部長として、チューバ奏者《そうしゃ》としてストレスに苦しめられ、食事がのどを通らなくなって体重が10キロも減《へ》ってしまった。

一方、野球部は吹奏楽部の美爆音にも後押《あとお》しされ、夏の高校野球の千葉県大会で優勝《ゆうしょう》。春夏連続の甲子園出場《こうしえんしゅつじょう》を決めた。

「よーし、オレたちも甲子園行くぞ！　今度は優勝だ！」

誰《だれ》よりも盛《も》り上がっていたのは、顧問《こもん》の石津谷《いしづや》先生だった。

一方、夏休みに入り、吹奏楽コンクールも間近に迫《せま》ってきた。

野球部の甲子園の一回戦は８月９日だった。習志野高校吹奏楽部の初戦である千葉県大会本選大会は、その3日後の8月12日だ。甲子園《こうしえん》から帰ってくるのは10日の朝だから、集中して練習できるのは11日しかない。疲《つか》れも出るだろう。

ハルカ自身、焦《あせ》りを感じないといえばウソになる。でも、「甲子園には行かず、コンクールの練習に専念《せんねん》したい」とは考えなかった。

石津谷《いしづや》先生はよくこう言っていた。

「野球部が必死にがんばる姿《すがた》がオレたちに勇気をくれる。オレがお前たちに『がんばれよ』と言うより、何倍も、何十倍も心に響《ひび》くものなんだ」

ハルカはそのとおりだと思った。

「練習も大事だけど、大切なのは甲子園で同じ学校の仲間を美爆音《びばくおん》で応援《おうえん》することだ。甲子園も行くし、全国大会で最高の演奏《えんそう》もしてみせる！」

きっとみんなも同じ気持ちでいてくれるはずだ——。

そんな思いが通じたのか、夏の甲子園の一回戦、習志野高校野球部は逆転《ぎゃくてん》で劇的《げきてき》な勝利をおさめた。イイヅカもみごとな投球を見せた。

「やったー！」

「よっしゃー！」

吹奏楽部員《すいそうがくぶいん》たちはみんな飛びはねて喜んだ。肌《はだ》は日に焼け、汗《あせ》だくになっていた。

そして、バスの中で睡眠《すいみん》をとりながら学校に帰り、コンクールの練習を再開《さいかい》した。

野球部の勝利によって勢《いきお》いづいたハルカたちには、以前より一体感が生まれていた。甲子園で力いっぱい演奏してきたおかげで楽器の鳴りもよくなっていた。

そして、８月12日の本選大会。

完璧《かんぺき》とは言えない演奏ではあったが、習志野高校は千葉県代表に選ばれ、「吹奏楽の甲子園」出場をかけて東関東大会に出場することになったのだった。

吹奏楽部には立ち止まっているひまはなかった。

本選大会の２日後には野球部の甲子園二回戦を応援するため、再《ふたた》び習志野からバスで出発した。野球部が勝っても負けても、試合後は甲子園から山梨県《やまなしけん》の合宿先に直行する予定になっていた。

球場前に到着《とうちゃく》してバスを降《お》りると、ハルカたちは異変《いへん》に気づいた。

球場周辺に集まったたくさんの観客が自分たちを見ているのだ。

実は、春のセンバツから「美爆音の応援」がマスコミに取り上げられ、さらに今回の一回戦の勝利もあって、多くの高校野球ファンから注目される存在《そんざい》になっていたのだ。中には、習志野高校の応援《おうえん》を楽しみにして来場する人もいるほどだった。

ハルカやホノカたちは、嬉《うれ》しさと照れくささを感じながらアルプススタンドに立った。

二回戦の相手は、山形県の高校だった。

試合は序盤《じょばん》から大量点を奪《うば》われる厳《きび》しい展開《てんかい》となった。マウンドには途中《とちゅう》からイイヅカが上がり、力投を見せた。

「野球部が苦しいときこそ、吹奏楽部《すいそうがくぶ》の出番だ！」

ハルカはみんなの前に立ち、腕《うで》を大きく振《ふ》った。

《ベン・ハー》、《モンキーターン》、そして、《レッツゴー習志野》。

吹奏楽部は美爆音《びばくおん》を甲子園球場に響《ひび》かせ、野球部ナインを励《はげ》ましつづけた。

試合終盤《しあいしゅうばん》には雨も降《ふ》りはじめた。５対９で絶体絶命《ぜったいぜつめい》のピンチだったが、ハルカたちは野球部の勝利を信じて何度も何度も《レッツゴー習志野》を奏《かな》でた。

雨に濡《ぬ》れても、疲《つか》れていても、甲子園に響く美爆音が衰《おとろ》えることはなかった。イイヅカたち野球部も雨と泥《どろ》にまみれながら全力で戦いつづけた。

しかし、最後のバッターが打ち取られ、野球部は敗れた。

球場に試合終了《しあいしゅうりょう》のサイレンが鳴りひびくのをハルカたちは呆然《ぼうぜん》と見守った。

（本当に、終わっちゃったのか……？）

現実《げんじつ》とは思えなかった。

野球部のナインがアルプススタンドの前までやってきて、応援団《おうえんだん》に頭を下げた。泣いている者もいた。吹奏楽部員もみんな泣いていた。ただ、ハルカは泣けなかった。

見ると、グラウンドにいるイイヅカの目にも涙《なみだ》はなかった。

（最後の甲子園が終わっちゃったのに、なんでイイヅカは泣いてないんだろう……）

ハルカは疑問《ぎもん》に思いながら、雨の中を去っていく背番号《せばんごう》1を見送った。

後日、ハルカはイイヅカに尋《たず》ねた。

「なんであのとき、泣かなかったんだ？」

イイヅカはこう答えた。

「絶対《ぜったい》勝つつもりでいたから。負けちゃったけど、最後の最後まで、勝って次の試合をするつもりだったから」

その言葉を聞き、ハルカは気づいた。

（オレが泣けなかったのも、イイヅカと同じだ。野球部は絶対に勝つし、オレたちも決勝

までずっと応援《おうえん》するつもりだったから泣けなかったんだ）
たとえ試合が終わっても、イイヅカの気持ちは負けていなかった。それが「あきらめない」という心の強さなのだ。
（オレだって、イイヅカみたいにあきらめない！）
ハルカは拳《こぶし》をグッと握《にぎ》りしめた。

テレビで放送されている習志野高校野球部の試合をじっと見つめるひとりの少年がいた。幕張総合高校に進学したカズトだ。

カズトは、所属《しょぞく》していた運動部をすでに引退《いんたい》し、大学進学に向けて受験勉強を始めていた。

画面に、アルプススタンドで演奏《えんそう》する吹奏楽部《すいそうがくぶ》が映《うつ》った。

臙脂色《えんじいろ》のTシャツに青いジャージの部員たちが必死に楽器を演奏している。

「ハルカ君、映ってるね」

一緒《いっしょ》にテレビを見ていた家族が画面を指差した。

ひと目で分かる大きな背中《せなか》。ときどきグラウンドのほうを振《ふ》り返りながら、手を高く挙げて指揮《しき》していた。

（ハルカ、さらにデカくなったな。吹奏楽部は日本中から注目されてるし、なんだかオレとは全然違《ちが》う世界で生きているみたいだ）

きっとスタンドではホノカやリコも楽器を吹《ふ》いているのだろう。

（もし習高に行ってたら、オレもここにいたのかな……）

中学時代は毎日部活があり、カズトは「しんどいな」「遊びたいな」と思っていた。

高校の部活は週一回休みで、中学時代にくらべれば自由な時間が持てた。願ったとおりになったはずだった。ところが、カズトはときどき吹奏楽部で毎日練習していたころを思い出し、「あのころは充実《じゅうじつ》してたな」と思うことがあった。

人生にやり直しはない。二度目もない。自分が選んだ道がまちがっていたとも思わない。なのに、このモヤモヤした気持ちは何なのだろう。

「きっといつかまた、カズトと一緒に音楽ができるときが来ると思うよ。オレ、そんな予感がするんだ」

ふいに、ハルカの言葉が頭の中によみがえってきた。

カズトは複雑《ふくざつ》な気持ちを抱《かか》えたまま、テレビから聞こえてくる美爆音《びばくおん》に耳を傾《かたむ》けた。

涙《なみだ》かれるまで

習志野高校吹奏楽部《すいそうがくぶ》は甲子園《こうしえん》での応援《おうえん》が終わると、合宿所のホテルにやってきた。東関東大会まで、残された時間は約3週間。本来であれば、本番に向けて一致団結《いっちだんけつ》し、最後の追い込《こ》みをかける時期だ。

しかし、Cメンの55人は音楽も気持ちもバラバラだった。

ハルカやショウコ、ホノカが指示《しじ》を出しても反応《はんのう》が鈍《にぶ》く、合奏《がっそう》もうまくいかない。危機《きき》的《てき》な状況《じょうきょう》だった。

「3年間で最悪だね……」

「このままだと、まじで終わるよ」

ホノカとショウコは深刻《しんこく》な表情《ひょうじょう》でそう話しあった。

今や伝説となっているエノキ先輩《せんぱい》たちの代も、合宿ではまとまりがなかった。去年もそうだ。しかし、今年の状態《じょうたい》は一番ひどかった。

「部長のオレのせいだ」

ハルカは自分を責《せ》めた。

その影響《えいきょう》は、演奏《えんそう》にも表れた。合奏をしていても、パート練習をしていても、自分のチューバの音だけが乱《みだ》れているように聞こえた。

「みんながオレについてきてくれないのは、オレがヘタクソだからだ……」

54人の仲間と演奏しているのに、ハルカは真っ暗な部屋にたったひとり閉《と》じこめられているような孤独感《こどくかん》を覚えた。

夕食の時間になってもハルカは食堂へ行こうとせず、ひとり黙々《もくもく》と練習を続けた。食欲《しょくよく》がまったくなかった。

「チクショウ、なんでうまく吹《ふ》けないんだ！」

投げやりになりそうになったとき、ひとりの男性《だんせい》がやってきた。

「ハルカ、どうした？」

それは３代前の部長、照木龍《テルキリュウ》先輩だった。

テルキ先輩の卒業と入れ違《ちが》いにハルカたちが入学してきたため、一緒《いっしょ》に活動をしたことはない。けれど、チューバ担当《たんとう》だったテルキ先輩はときどき部活に顔を出しては、ハルカの面倒《めんどう》をみてくれた。ふたりで一緒に演奏するペア練習を何度もやってくれたし、部長をめざしていたハルカの相談にも乗ってくれた。

部長になってからもアドバイスをしてくれたり、部長の心得を教えてくれたりした。

「早く行かないと、食事の時間が終わっちゃうぞ？」とテルキ先輩《せんぱい》は言った。

「先輩。オレ、もうダメかもしれないです。どんだけ練習してもうまく吹《ふ》けないんです。それに、みんなをまとめることもできないし……」

そんなハルカの訴《うった》えを、テルキ先輩はやさしいほほえみを浮《う》かべながら聞いてくれた。

「なぁ、オレがお前に言った、『部長が絶対《ぜったい》にやってはいけないこと』を覚えてるか？」

「はい。『みんなの前では泣くな』ですよね……」

「守ってるか？」

「はい……。いや、たまに同期の男子の前ではちょっと泣いちゃったり。守れてなくてすみません……」

ハルカはうつむいた。

すると、先輩はハルカの肩《かた》をポンポンと叩《たた》きながらこう言った。

「部長をやってると、泣きたくなることは数えきれないほどあるよ。部長を経験《けいけん》した者だけにしかわからないつらさがある。でも、ハルカはなるべくみんなの前では涙《なみだ》を見せないようにがんばってたんだよな？」

ハルカは下を向いたまま、テルキ先輩の言葉を無言で聞いていた。

「お前は本当によくやってる。チューバも、自分ではヘタクソに感じるかもしれないけど、ちゃんとうまくなってるよ」

「本当……ですか？」

ハルカは顔を上げた。そこには先輩の笑顔があった。

「ハルカは充分《じゅうぶん》すぎるほどいい部長だ。自信を持っていい。きっとこれから部活全体もCメンもよくなっていくよ」

「……はい」

「だから、一緒《いっしょ》にご飯を食べよう」

それを聞いた瞬間《しゅんかん》、ハルカの目から涙があふれ出た。

ご飯を食べよう――そんなシンプルな言葉が、真っ暗に閉《と》ざされていた心を開いた。

自分で望んで部長になった。夢《ゆめ》だった。実際《じっさい》になってみると、嬉《うれ》しいことや楽しいこともあったけれど、責任《せきにん》と重圧《じゅうあつ》で押《お》しつぶされそうになった。つらいときはテルキ先輩の「みんなの前では泣くな」という言葉を支《ささ》えにして、どうにか踏《ふ》んばってきた。

これまでこらえていた思いが、涙《なみだ》に変わって、次から次へとこぼれ落ちた。

「先輩《せんぱい》、オレ、また泣いちゃって。すみません……」

「今日はいいよ。泣きたいだけ泣け。オレが許《ゆる》す」

ハルカは声を上げて泣きじゃくった。

テルキ先輩はそっと寄《よ》り添《そ》い、食堂へ連れていってくれた。

ハルカは泣きながらご飯を食べた。味なんかまったくわからなかった。

体の中の水分がすべてなくなってしまうほど、とめどなく涙が出てきた。

そして、泣きやんだとき、ひどくすっきりした気分になっていた。

長く苦しめられてきたプレッシャーも、自分自身への不満も、どこかへ消え去っていた。

(テルキ先輩、ありがとうございました。オレはもう、大丈夫《だいじょうぶ》です)

そこにはレベルアップした「ニュー・ハルカ」がいた。


合宿が終わり、学校での練習に戻《もど》った。東関東大会まで残された時間はさらに短くなっていた。

《火の鳥》を合奏《がっそう》している最中、石津谷《いしづや》先生がこんなことをつぶやいた。

「このままだと全国大会は無理だな」

その言葉にショウコはショックを受けた。

「先生はやる気を引き出すためだけに言ったんじゃない。本気でそう思ってるんだ……」

合奏が終わった後、ハルカ、ショウコ、ホノカの３人は対策《たいさく》を話しあった。

「先生の言うとおりだ。今のまま合奏を続けても意味がないと思う」

とハルカが言った。

「どうしたらいいかな？」

「合奏の前に、もっとパートごとのまとまりを作っておくのは？」

ショウコが提案した。

「私《わたし》もそれがいいと思う」

ホノカも同意した。

「……ってことは、ポイントになるのはパートリーダーか」

ハルカは腕組みした。55人全体をまとめるより、各パートごとにまとまるほうがやりやすい。パートごとにきれいにそろった音のたばを作り、それを持ちよって全体の音楽にするという方法だ。

パートリーダーとの話しあいは、ショウコが中心になって行うことになった。

「今年は私《わたし》たちにとって最後のコンクールでしょ？　全国大会に行きたいし、どんな結果になってもみんなで笑顔で終わりたい。私はそう思ってるんだ」

ショウコが言うと、パートリーダーたちは小さくうなずいた。

「そのためには、パートリーダーにもっとパートを引っぱっていってほしいの。それから、パートリーダー同士がもっと理解《りかい》しあえるようにしたいから、お互《たが》いに心の中で思っていることを全部言いあわない？」

パートリーダーたちは驚《おどろ》いたように顔を見あわせた。

「きっと相手の考えていることがわからなかったり、不満があったりすると思う。それを全部見せあおうよ」

パートリーダーたちは最初はとまどって口が重かった。

けれど、だんだんと自分の抱《かか》えている思いを口にするようになった。意見がぶつかりあうこともあったけれど、「そんなふうに思ってたんだ。だったら、こう変えるよ」とお互いを理解したり、改善《かいぜん》したりできることのほうが多かった。

パートリーダーたちに笑顔が戻《もど》り、ショウコも、ハルカやホノカもホッと胸《むね》をなでおろした。

火の鳥は名古屋へ羽ばたく

9月7日、茨城県《いばらきけん》で東関東大会が行われた。

習志野高校吹奏楽部《すいそうがくぶ》にとっては、33回目の全国大会出場がかかった大会だ。習志野高校と同じ千葉県の柏市立《かしわしりつ》柏高校、茨城県の常総学院高校《じょうそうがくいんこうこう》は全国大会の常連《じょうれん》で、「東関東の御三家《ごさんけ》」と呼《よ》ばれていた。しかし、他の高校も年々力をつけてきており、「御三家」を追いぬいて全国大会出場を果たそうと努力を続けていた。

会場には24校が集まり、習志野高校は8番目に出場することになっていた。出番を目前に控《ひか》えて、本番用の青いブレザーと白いズボンを身に着けたＣメンは薄暗《うすぐら》い舞台裏《ぶたいうら》にやってきた。

ハルカは、ショウコがいつも以上に緊張《きんちょう》していることに気づいた。

「どうした？　大丈夫《だいじょうぶ》？」とハルカは声をかけた。

「うん……。ねぇ、ハルカ。伝統《でんとう》を守るって、すごく大変なことだと思わない？」

「そうだな。習高は全国大会に出て当たりまえみたいにまわりからは思われるけど、そんなことないんだって、この立場になってみるとわかるな」

「だから、ずっと伝統《でんとう》を守り続けてきた先輩《せんぱい》たちは偉大《いだい》だった、ってことだよね。私《わたし》たちにもできるのかな、伝統を守り続けること……」

そう言われると、ハルカも不安になった。

前よりもまとまりはでてきていたが、直前の練習でも《火の鳥》を完璧《かんぺき》に仕上げることができなかった。やはり《火の鳥》は難曲《なんきょく》だった。

（万が一、代表になれなかったら、オレたちの最後のコンクールは今日終わるんだ）

そう思うと背筋《せすじ》がヒヤッとした。

（でも、もうここまで来たら引き返せない。やるしかない！）

ハルカは自分を奮《ふる》い立たせた。

そして、ショウコやチューバパートのメンバーを集めた。

「円陣《えんじん》を組もう」

丸くなり、肩《かた》を組んだ。手のひらに感じる仲間たちの体が、心なしか小さくふるえているように感じられた。

「小さい声でね」

ショウコが言い、ハルカはうなずいた。

「がんばっていこう。エイエイオー！」

ハルカがささやき声で言うと、みんなも「エイエイオー！」と返した。


そして、習志野高校吹奏楽部《すいそうがくぶ》の出番がやってきた。

55人がステージに出ていき、それぞれの定位置についた。

会場にアナウンスが流れ、黒の上下に身を包んだ石津谷《いしづや》先生がお辞儀《じぎ》をした。

（今日をオレたちの――石津谷先生の最後のコンクールにしてたまるか！）

ハルカは先生の背中を見ながらそう思った。

そして、自分の言葉にハッとした。

石津谷先生の最後のコンクール――。

その意味を考えようとしたとき、先生が指揮台《しきだい》に上がり、両手をかまえた。

（いかん、集中しよう！）

ハルカは頭をよぎった雑念《ざつねん》を振《ふ》りはらい、チューバのマウスピースに唇《くちびる》を押《お》しあてた。

先生が指揮《しき》を振《ふ》り始め、課題曲《マーチ「エイプリル・リーフ」》が始まった。

習志野高校らしい柔《やわ》らかく、透《す》き通るような音が会場に響《ひび》いた。

石津谷《いしづや》先生は、指揮をする腕《うで》や指先の動きだけでなく、目を大きく見開いたり、真剣《しんけん》な表情《ひょうじょう》をしたり、かと思うと少しほほえんだり、「ここはこう演奏《えんそう》するんだぞ」ということを顔つきで部員たちに伝えていた。

普段《ふだん》は冗談《じょうだん》ばかり言っているユニークな先生だが、指揮をするときは別人のように情熱的だ。その姿《すがた》は部員たちの力を100パーセント以上引き出し、それが、全国に名だたる習高サウンドとなる。

ハルカも先生の指揮と表情を見つめながら、夢中《むちゅう》でチューバを吹《ふ》いた。

(指揮に引きこまれる。やっぱり石津谷先生は最高の先生だ!)

ハルカは改めてそう思った。

ただ、全体の演奏では音の出だしや終わりがずれるところがあった。

不安を抱《かか》えたまま、課題曲の演奏が終わった。

続いては、自由曲《バレエ音楽「火の鳥」より》だ。

曲と曲の間に、ハルカはチューバパートでひとりだけ、楽器を持ってひな壇《だん》を登っていった。トランペットやトロンボーンが並《なら》んでいる最上段《さいじょうだん》のいちばん端《はし》に誰《だれ》も座《すわ》っていない椅子《いす》がある。そこに腰《こし》かけた。

吹奏楽《すいそうがく》では、チューバは木管楽器と一緒《いっしょ》に舞台上《ぶたいじょう》で演奏することが多い。その一方、オーケストラではチューバはひな壇の上で演奏される。

いつも自由曲でオーケストラの曲を演奏している習志野高校では、チューバの中のひとりがひな壇の上で吹くことになっていて、それを「オケチュー（オーケストラのチューバ）」と呼《よ》んでいた。

ひな壇の最上段に座ると、景色が広がった。仲間たちの後ろ姿や横顔がよく見えた。やはりみんな、少し硬《かた》くなっているような気がした。

「ふぅっ……！」

ハルカはわざと大きく深呼吸《しんこきゅう》をした。

みんなに「気持ちを切り替《か》えようぜ！」というメッセージを送ったつもりだった。

石津谷先生の手が再《ふたた》び動き、《火の鳥》の演奏が始まった。

ジャンッ！

激《はげ》しい音が鳴りひびき、そこから速いテンポで音楽が続いていく。Ｃメンはみんな高度なテクニックを持っていたが、それでもすべての音をきっちりそろえるのは難《むずか》しかった。

石津谷《いしづや》先生は強いまなざしで指揮《しき》を続け、みんなも必死に音を合わせようとした。

だが、またしても微妙《びみょう》なずれが出てしまった。テンポが速い部分でずれが広がると、音楽全体が崩壊《ほうかい》してしまう可能性《かのうせい》もある。

（みんな、踏《ふ》んばってくれ！）

ハルカは心の中で祈《いの》りながら演奏《えんそう》を続けた。

ハルカの中に、火の鳥のイメージが浮《う》かんだ。

全身を真っ赤な炎《ほのお》に包まれた、現実《げんじつ》には存在《そんざい》しない巨大《きょだい》な鳥の姿《すがた》だ。

火の鳥は空に羽ばたく。燃《も》え上がる羽の一枚《まい》一枚は、55人が奏《かな》でる一つひとつの音でできている。だから、演奏が安定しないと、火の鳥はまるで嵐《あらし》に揉《も》まれるかのように右へ左へふらつきながら飛んでしまう。

曲の後半はどうにか演奏が落ち着きを取り戻《もど》し、最後は壮大《そうだい》なハーモニーを響《ひび》かせることができた。ただ、めざしていた音楽にはほど遠かった。

会場からは大きな拍手《はくしゅ》が送られた。けれど、それに満足している者は誰《だれ》もいなかった。

（オレたちの火の鳥は、名古屋まで飛んでいけるんだろうか？）

ステージを出て舞台裏《ぶたいうら》を歩きながら、ハルカは早くも審査結果《しんさけっか》が心配になった。

（でも、部長のオレが不安そうな顔をしてたらダメだな）

ハルカは自分の気持ちを押《お》し殺し、「お疲《つか》れさま！」と笑顔でみんなに声をかけた。

表彰式《ひょうしょうしき》には、代表者としてハルカと副部長の藤川《フジカワ》ちほが出ることになっていた。

ふたりで待機しながら、モニタでほかの学校の演奏を見た。

映《うつ》っているのは同じ千葉県のライバルで、毎年のように一緒《いっしょ》に全国大会に出場している「イチカシ」こと市立柏高校だった。

その演奏にハルカたちは驚《おどろ》いた。

「イチカシ、すごすぎない⁉」

「リズムも強弱もぴったりそろってるね……」

なんという統一感《とういつかん》だろう。なんという迫力《はくりょく》だろう。

負けたという思いより、イチカシのつくり出す音楽に圧倒《あっとう》された。素晴《すば》らしい演奏だと心から感じた。

「オレ、イチカシのこと尊敬《そんけい》するわ」

ハルカが言うと、ちほもうなずいた。

「オレたち、必死にがんばってきたつもりだったけど、イチカシを見てたらわかったよ。まだまだ練習不足だったたって。きっとイチカシは習高を上回る練習をしてきたんだ」

「そうだね」

けれど、落ちこみはしなかった。むしろ、すがすがしい気持ちだった。

イチカシのあとに登場した学校も、「うちよりうまいんじゃないか」と思ってしまうほどよい演奏《えんそう》をしていた。

（どの学校も全国大会の舞台《ぶたい》に立つためにせいいっぱいの練習を重ねてきたんだな。みんながんばってる。だから、オレたちもがんばれる。いや、もっともっとがんばりたい。東関東大会《こ》《こ》で終わりたくない！）

そして、すべての学校の演奏が終わり、表彰式《ひょうしょうしき》が始まった。ハルカとちほは他の学校の代表者たちとともにステージへ出て、ひな壇《だん》に並《なら》んだ。

まずは、各賞が1校ずつ発表された。

「8番。習志野市立習志野高等学校――ゴールド金賞！」

拍手《はくしゅ》が響《ひび》いた。だが、喜んだりホッとしたりしている者は誰《だれ》もいなかった。

すべての学校の賞が発表されると、運命のときが訪《おとず》れた。

「続きまして、全国大会に推薦《すいせん》する代表校を、プログラム順に発表いたします」

ステージ上で直立していたハルカとちほはギュッと身を固くした。客席では、仲間たちが目をつぶって祈《いの》っているのが見えた。

（行けるか……ダメか……）

ハルカの心臓《しんぞう》は、美爆音《びばくおん》で応援《おうえん》するときのバスドラムのように激《はげ》しく高鳴った。

そして、アナウンスが響いた――。

「千葉県代表、習志野市立習志野高等学校！」

会場に「キャーッ！」という叫《さけ》びが広がった。

習志野高校吹奏楽部《すいそうがくぶ》の通算33回目の全国大会出場が決まったのだ。

ハルカの目に、抱《だ》きあったり、号泣《ごうきゅう》しているCメンの姿《すがた》が映《うつ》った。

ハルカ自身は、嬉《うれ》しいというよりも、「伝統《でんとう》を守る」というプレッシャーから解放《かいほう》されてホッとしていた。

（みんなも不安だったんだな）

ハルカは思った。

（今日、自分たちでも気づいた。ライバルの学校も教えてくれた。オレたちは、今のままじゃダメなんだ）

喜びにひたっているひまはない。

泣いても笑っても、ハルカたちがコンクールで演奏《えんそう》できるのは、あと1回だけなのだ。

石津谷《いしづや》先生の告白

東関東大会のあと、たくさんの反省点がわかった。

ハルカたちはまたパートリーダーたちと話しあい、連携《れんけい》しながら演奏を高めていった。

実は、いちばん気になっていたのは石津谷先生のことだった。

腕《うで》に貼《は》ったテーピングは痛々《いたいた》しかったし、顔をしかめる回数も増《ふ》えていた。

（先生は今まで、自分の体を痛めてしまうほど一生懸命《いっしょうけんめい》指揮《しき》を振《ふ》り続けてきたんだな。そして、あんなにつらそうなのに、オレたちの指導《しどう》を続けてくれている。オレたちも先生の思いに応《こた》えなきゃ）

ハルカの中で、新しい夢《ゆめ》がふくらみ始めていた。

「石津谷先生のような教師《きょうし》、吹奏楽指導者《すいそうがくしどうしゃ》になりたい」という夢だ。

でも、そのまえに全国大会をどうにかしなければならない。

ホノカも不安そうな顔で話しかけてきた。

「私《わたし》たち、もっとがんばらなきゃ。東関東大会も不安定だったし、まだ55人がひとつになれてないよね」

「あぁ、そうだな」

「先生のためにも……。でも、どうしたらいいんだろうね」

やっぱりホノカも同じことを感じているんだな、とハルカは思った。

東関東大会の演奏が始まる直前に頭をよぎったこと――。

ついにそれが現実《げんじつ》になろうとしていた。


東関東大会から全国大会までの約1か月はあっという間に過《す》ぎ去った。

全国大会の3日前、Cメンは習志野市《ならしのし》を出発し、西へ向かった。愛知県のホールを使って最後の練習を行うのだ。

だが、まだ演奏は不安定で、ミスも多かった。55人がひとつになれているとは言いがたかった。直前にこんな状態《じょうたい》なのは、過去《かこ》2年間でもなかった非常事態《ひじょうじたい》だ。

「いったいどうしたら……」

ハルカも、ショウコも、ホノカも悩《なや》んでいた。はっきり言って、手づまりだった。

そして、答えが見つけられないまま全国大会前日になってしまった。

みんなは暗い表情《ひょうじょう》で朝から練習の準備《じゅんび》を始めていた。

と、石津谷《いしづや》先生がハルカを呼《よ》んだ。

「お前たちに話があるんだ。みんなを集めてくれ」

その言葉を聞いた瞬間《しゅんかん》、ハルカは悟った。先生が何を話そうとしているのかを。

先生はホールのロビーの長椅子《ながいす》に腰《こし》かけた。そこへ、バタバタと走りながら部員たちが集まってきた。みんな、キョトンとした顔をしている。

「みんなに報告《ほうこく》をしておこうと思うことがある」

（ついに来た……。この石津谷先生の姿《すがた》を目に焼き付けておこう）

ハルカはロビーの床《ゆか》に膝《ひざ》をつき、先生を見つめた。

石津谷先生は頭を掻《か》きながら話し始めた。

「オレはもうずいぶん長く習高の顧問《こもん》をやってきた。全国大会は17回目だ。でも、明日の全国大会を最後にコンクールの指揮《しき》は降《お》りようと思ってる」

みんなが凍《こお》りつくのがわかった。

石津谷先生がもうコンクールで指揮をしない。

習志野高校吹奏楽部《すいそうがくぶ》を引っぱってきた名指導者《めいしどうしゃ》。野球応援《やきゅうおうえん》に力を注いで美爆音《びばくおん》を生み出し、何度も全国大会で名演《めいえん》を残してきた石津谷先生が……。

すると、ひとりの女子部員が泣き始めた。

「ちょっと待てって。泣くなよ。学校や吹奏楽部の指導をやめるわけじゃないんだから」

先生は苦笑した。

「コンクールの指揮は１人の指揮者が長くやるものじゃない。新しい指揮者のもとで新しい音楽を作り出す。これが未来の習高吹奏楽部の発展《はってん》につながるんだよ。先生が、前任《ぜんにん》の新妻《にいづま》先生から習高の顧問を譲《ゆず》られたのが40歳《さい》のとき。運がよかったかもしれないけど、自分のやりたい音楽を奏《かな》で、ただの一度も欠かすことなく全国大会に出場できた。今後は新しい指導者がきっと習高に新しい風を吹《ふ》かせ、毎年全国に導《みちび》いてくれるはずだよ。それに先生も歳《とし》取ったせいで、ここんとこ指揮するたびに肘《ひじ》や肩《かた》、首すじに激痛《げきつう》が走るようになっちゃったし……。歳は取りたくないよな～。自由曲に《火の鳥》を持ってきたのは、最後はこの曲で終わりたいという夢《ゆめ》があったから。みんなのおかげで夢がかなったよ。ありがとう！」

先生が語る間に、他の部員たちも泣き始めた。男子も泣いていた。

「男っていうのはね、最後は……」

先生もそう言いかけて、後が続かなくなった。そして、ハンカチで涙《なみだ》をぬぐった。

みんな、そんな先生の姿《すがた》を見るのは初めてだった。

ロビーにすすり泣きが響《ひび》いた。

ハルカはテルキ先輩《せんぱい》と「みんなの前では泣かない」と約束していたけれど、このときばかりは涙がこぼれ落ちた。

石津谷《いしづや》先生がコンクールで指揮《しき》をするのは、明日が最後――。

その衝撃《しょうげき》と悲しさが55人を包みこんだ。

（石津谷先生の最後が私《わたし》たちの代でいいのかな。それに見合った演奏《えんそう》ができるのかな……）

ホノカは泣きながらそう思った。

ハルカやショウコも同じことを考えていた。

（昨日みたいな演奏しかできないようなら、石津谷先生に申しわけない……）

だが、石津谷先生の引退宣言《いんたいせんげん》はＣメンを一瞬《いっしゅん》で変えた。

合奏練習が始まると、55人の楽器から見違《みちが》えるような音がほとばしった。

先生の指揮のひと振《ふ》り、わずかな表情《ひょうじょう》の変化、口から発せられるひと言をも逃《のが》すまいと、
全員が集中していた。ホールには熱気が満ちた。

「石津谷先生のために！」

言葉に出さなくても、みんなが同じ思いを抱《いだ》いていた。

（やっとひとつになれたんだ！）

ハルカとホノカ、ショウコは目を見あわせ、うなずきあった。


さようなら、「吹奏楽《すいそうがく》の甲子園《こうしえん》」

日本中の高校生があこがれる「吹奏楽の甲子園」、全日本吹奏楽コンクールの当日が
やってきた。名古屋国際会議場《なごやこくさいかいぎじょう》センチュリーホールには全国から吹奏楽ファンや関係者が
詰《つ》めかけた。

習志野高校が出場するのは、午後に行われる高等学校後半の部。15校のうちの9番目だった。

ハルカは高1で初めてここへ来たときのことを思い出した。右も左もわからず、先輩《せんぱい》たちの後に従《したが》い、他校の姿《すがた》や演奏《えんそう》にただただ圧倒《あっとう》されていた。

でも、今は違《ちが》う。音楽的にも人間的にも成長し、名門・習志野高校吹奏楽部《すいそうがくぶ》の部長としてこの場所にやってきた。臆《おく》する気持ちはみじんもなかった。

ハルカは石津谷《いしづや》先生をチラッと見た。

先生はいつもどおり飄々《ひょうひょう》としたようすで、笑みを浮《う》かべていた。

（今日、先生に最高の音楽を贈《おく》ろう）

ハルカは心の中でそう決意した。

55人はリハーサル室に通され、そこで最後の調整をした。その後、通路を通り、うす暗い舞台裏《ぶたいうら》へと移動《いどう》した。

反響板《はんきょうばん》の向こうでは、前の学校が演奏していた。北海道の名門、東海大学付属札幌高校《とうかいだいがくふぞくさっぽろこうこう》だった。

その演奏を聴《き》きながら、ショウコは4月から今にいたるまでの道のりを振《ふ》りかえった。

去年も、一昨年も、同じ場所で同じようにショウコは過去《かこ》を振りかえってきた。今回は、やはり石津谷先生のことが頭に浮かんだ。

（先生、本当にこれが最後になっちゃうんだな。だったら、もっと早くみんながひとつになれるようにしたかったし、練習方法もいろいろ工夫できたかもしれないし……）

ショウコは後悔《こうかい》の念にとらわれそうになった。

（ダメダメ！　こんなこと考えていたら、演奏に出ちゃう。石津谷先生と一緒《いっしょ》に積み重ねてきたことを信じて、習高にしかできない音楽をしよう！）

まわりを見回すと、緊張《きんちょう》で硬《かた》くなっているメンバーもいた。

ショウコはそっと近づき、声をかけた。

「大丈夫《だいじょうぶ》だよ！　がんばろうね！」

と、そのとき、反響板の向こうで演奏が終わり、拍手《はくしゅ》が聞こえてきた。

「よし、行こう！」

「がんばろう！」

青いブレザーと白いズボンに身を包んだ55人はステージへと出ていった。

「プログラム9番。東関東代表、千葉県、習志野市立習志野高等学校吹奏楽部。課題曲2に続きまして、ストラヴィンスキー作曲《バレエ音楽「火の鳥」より》。指揮《しき》は、石津谷《いしづや》治法《はるのり》です」

会場にアナウンスが響《ひび》いた。

石津谷先生が客席に向かって頭を下げると、大きな拍手《はくしゅ》が送られた。

（客席にいる人たちは、これが石津谷先生の最後のコンクールだってことをまだ知らないんだ）

ハルカは先生の腕《うで》のあたりに目を向けた。

（先生、体の痛《いた》みは大丈夫《だいじょうぶ》かな……）

それから仲間たちを眺《なが》めた。ほほえんでいる顔がいくつも見えた。

「最後に先生と最高の音楽を作ろう！」

みんなのそんな思いが伝わってきた。

先生が指揮《しき》台《だい》に上ると拍手が鳴りやみ、ホールに静寂《せいじゃく》が広がった。

先生が両手を構《かま》え、55人も演奏態勢《えんそうたいせい》に入った。

ピンと張《は》りつめた緊張感《きんちょうかん》を切り裂《さ》くように先生が腕を振《ふ》ると、ステージから音がはじけ出した。課題曲《マーチ「エイプリル・リーフ」》の始まりだ。

ぴったりそろった出だしから、軽快《けいかい》なマーチが奏《かな》でられていく。ピョンピョンと跳《は》ねるように動く先生の指に合わせて、Ｃメンは朗《ほが》らかな春の日を思わせる明るい音を響かせた。

ホノカはアルトサックスを吹《ふ》きながら、ふと涙《なみだ》がこみ上げてきそうになった。

(先生がこれで最後だなんて、やっぱり寂《さび》しいな……。でも、今はしっかり吹ききることだけを考えなきゃ！)

ホノカは一つ一つの音をかみしめるように演奏した。

東関東大会のような音のずれもなく、課題曲は無事に終わった。

曲と曲の間に、ハルカはチューバを抱《かか》えてオケチューの位置へ移動《いどう》した。ひな壇《だん》の最上段《さいじょうだん》に座《すわ》ると、目の前にホールの風景が大きく開けた。

(いつ見ても、このホールはでかいな)

ハルカは改めて思った。

三千人を収容《しゅうよう》する巨大《きょだい》な客席は横に広いだけでなく、高さがあり、奥《おく》にも深い。３階まであるが、その２階部分に９人の審査員《しんさいん》が座っている。習志野高校の演奏を金か銀か銅《どう》に評価《ひょうか》する人たちだ。

ハルカはその方向をチラッと見たあと、大きく深呼吸《しんこきゅう》をし、チューバを構《かま》えた。

石津谷《いしづや》先生が痛《いた》みを感じさせない動きで、上半身全体を使って勢《いきお》いよく腕《うで》を振《ふ》った。

ジャンッ！

激《はげ》しい音とともに、《バレエ音楽「火の鳥」より》が始まった。

冒頭《ぼうとう》、みんなが苦手とする速いテンポの部分が続く。

（くそっ、やっぱり難《むずか》しいな……）

ハルカは必死にチューバのキーをあやつった。

（みんな、気を抜《ぬ》かずに合わせるぞ！）

ハルカの中に、炎《ほのお》を帯びた火の鳥のイメージが浮《う》かんできた。火の鳥をどれだけ高く舞《ま》い上がらせることができるかはみんなの演奏《えんそう》次第《しだい》だ。

複雑《ふくざつ》なリズムが絡《から》み合うところを抜けると、E♭《エス》クラリネットやトランペット、トロンボーンなどのソロが現《あらわ》れる。ソリストたちは極限《きょくげん》の緊張《きんちょう》を感じていたはずだが、高い集中力でみごとな演奏をしてくれた。

だが、その後、急に演奏の足並《あしな》みが乱《みだ》れた。

練習でも最後まで手こずっていた部分だったが、全国大会のプレッシャー、石津谷先生のラストコンクールだという重みが加わり、それが演奏に出てしまった。木管楽器と金管楽器のテンポがずれ、音が分離《ぶんり》したようになったのだ。

高く舞っていた火の鳥はバランスを失ったかのように落下しかけた。

そのとき、石津谷先生が目にグッと力を込《こ》め、痛みをこらえながら強く腕を振った。崩壊《ほうかい》しかけたテンポは、先生の指揮《しき》によって再《ふたた》びギリギリでひとつにまとまった。火の鳥は落下せず、再び舞い上がることができた。

ハルカは冷や汗《あせ》をかいた。

一瞬《いっしゅん》、視線《しせん》が２階席の審査員《しんさいん》のほうに向いた。だが、すぐまた先生の指揮に目を戻《もど》した。

（この全国大会で金賞をとることも大事だ。三千人のお客さんを感動させることも大事だ。でも、今、オレたちがこの《火の鳥》をいちばん届《とど》けたいのは、石津谷先生だ！）

曲は終盤《しゅうばん》に差しかかっていた。

残された時間は少ない。もう恐《おそ》れるものは何もない。この音楽を先生に届けるのだ。

ハルカの熱い思いは、次々と周囲へ伝わっていった。

（先生に伝えよう！）

（先生に感謝《かんしゃ》を！）

（先生の指揮《しき》で演奏《えんそう》できて幸せです！）

火の鳥はセンチュリーホールを包みこむほど大きく翼《つばさ》を広げた。

入部してから今まで過《す》ごしてきた時間、繰《く》りかえした練習、美爆音《びばくおん》と呼《よ》ばれた野球応援《やきゅうおうえん》の経験《けいけん》、何度もぶつかりあったこと、涙《なみだ》を流したこと、笑いあったこと……。

そして、自分たちをここまで導《みちび》いてくれた先生への感謝《かんしゃ》！

55人の心が響《ひび》きあい、融合《ゆうごう》し、深く美しいハーモニーを生み出した。

火の鳥はまばゆく輝《かがや》き、燃《も》え上がった。

すべての楽器が高らかに鳴りひびく中、石津谷《いしづや》先生は最後の力を振《ふ》りしぼって左手の人差し指を立て、天を指した。

「お前たちの最高の音を出せ！」

55人に、先生の無言の叫《さけ》びが聞こえた。

巨大《きょだい》なホールは、習高サウンドでいっぱいに満たされた。

そして、先生が両手を大きく回転させ、拳《こぶし》を握《にぎ》ったとき、すべての音が止まった。

《火の鳥》は終わりを迎《むか》えたのだ。

静まりかえったステージで石津谷先生はうつむき、目を閉《と》じた。そして、小さく2回う

なずいた。

先生は55人を立ち上がらせると、客席に向かって深々と頭を下げた。

「ブラボー！」

「ブラボー！」

称賛《しょうさん》の声と拍手喝采《はくしゅかっさい》が降《ふ》りそそいできた。

ステージにいるみんなが涙《なみだ》を流していた。

たとえ審査結果《しんさけっか》がどうなろうと、石津谷《いしづや》先生の、そして、このメンバーでのコンクールは終わった。やりとげたという充実感《じゅうじつかん》と、すべてが過《す》ぎ去ってしまったさびしさが、涙になった。

ステージを出ると、石津谷先生が笑顔で言ってくれた。

「よかったよ」

自分たちが欲《ほ》しかったのは、このひと言だ――ハルカはそう思った。

そして、ハルカも笑顔になった。

表彰式《ひょうしょうしき》は、ハルカとちほのふたりがステージに上った。

1校ずつ賞が発表され、トロフィーと表彰状《ひょうしょうじょう》が授与《じゅよ》された。

「9番。習志野市立習志野高等学校――銀賞」

ハルカがトロフィーを、ちほが表彰状を受けとった。

客席に向けてお辞儀《じぎ》するとき、仲間たちが見えた。

（みんな、落ちこんでいるな……）

めざしてきたのは金賞だ。それに、最後のコンクールで石津谷先生にいちばんいい賞を贈《おく》りたかった。みんなの気持ちが痛《いた》いほどわかった。

だが、ハルカはショックは受けていなかった。

もちろん、くやしくないわけではない。

（でも、オレたちの音楽は、ちゃんと届《とど》けたい人に届いたんだ）

ハルカはちほとともにひな壇《だん》に並《なら》んだ。

他校の代表者もトロフィーと表彰状を持ってずらりと並んでいる。金賞で喜んでいる学校、思いどおりの結果にならずに悲しんでいる学校もある。

とにかく、すべては終わった。

思えば、山あり谷ありだった。

（オレは決していい部長じゃなかった。それなのに、みんなよくついてきてくれた。みんなのおかげでオレはここに立っている。Ｃメンの54人、それに、習志野《ならしの》で待っている１４９人には心から感謝《かんしゃ》しているよ）

表彰式《ひょうしょうしき》が終わった。

ひな壇《だん》を降《お》りる直前、ハルカは客席にいるＣメンに向かい、声を出さずに口だけを動かしてメッセージを伝えた。

「あ・り・が・と・う」

そして、「吹奏楽《すいそうがく》の甲子園《こうしえん》」よ、さようなら――。

ハルカたちが青春をかけたコンクールは、こうして幕《まく》を閉《と》じた。

♪エピローグ　レッツゴー、習志野《ならしの》！

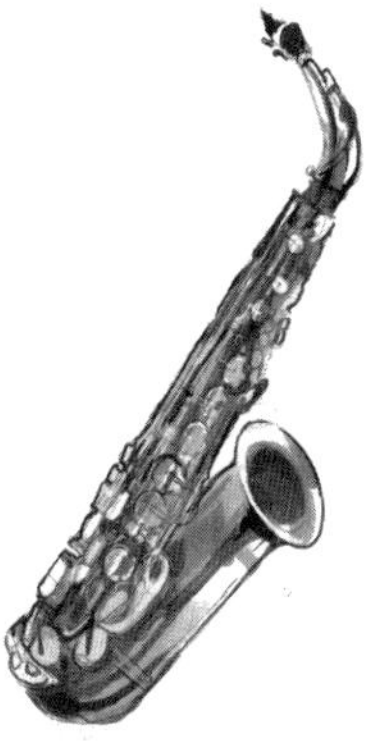

最後の定期演奏会《ていきえんそうかい》

２０１９年も終わりに近づいた12月半ば。

ハルカの自宅《じたく》にカズトと近所の友達が泊《と》まりにきた。

一般的《いっぱんてき》な高校の吹奏楽部《すいそうがくぶ》は、コンクールや定期演奏会が終わると3年生は引退《いんたい》する。

しかし、習志野高校吹奏楽部の場合は、３月中旬《ちゅうじゅん》に卒部式を行うものの、３月31日の深夜11時59分59秒まで部員でい続けることになっていた。

とはいえ、11月30日と12月１日に行われた定期演奏会でハルカたちの活動は一段落《だんらく》していた。

ちょうど少し時間ができたところにカズトから電話があり、「久《ひさ》しぶりに一緒《いっしょ》に遊ぼう」という話になったのだ。

ゲームをしたり、無駄話《むだばなし》をしたり、普通《ふつう》の男子高校生らしい時間を過《す》ごした。

「オレ、甲子園《こうしえん》でハルカが指揮《しき》したり、インタビューされたりしてるの、テレビで見てたよ」

ふと、カズトが言った。

「『題名のない音楽会』と『ミュージックステーション』にも出てたよな。松任谷由実《まつとうやゆみ》とか東京スカパラダイスオーケストラとかとコラボして、習高もハルカもすごいなって思ってた」

「だろだろ？　オレ、習志野《ならしの》の有名人だからさ！」とハルカは冗談《じょうだん》で返した。

「実は、実籾《みもみ》ふる里祭りのパレードも見にいったんだぜ」

「えっ、マジで⁉」

「こっちは夏で部活を引退《いんたい》しちゃったから、ひまだったんだよ」

実籾ふる里祭りは11月3日に習志野高校や習志野四中がある地域《ちいき》で行われるお祭りで、毎年パレードにはその2校や東習志野小なども参加していた。

「ハルカ、コスプレしてたろ。体張《は》ってるな〜って思ってたんだ」

「あれ見られてたのか〜。超恥《ちょうは》ずかしいわ」とハルカは頭を掻《か》いた。

すると、カズトは少し遠い目をして言った。

「ホノカも、リコもいたよな。習高、パレードでも断然《だんぜん》うまかった。オレ、音には人間関係が出ると思ってるんだ。習高の音は、お互《たが》いをわかりあってる音だった。美爆音《びばくおん》ってそういう音のことなんだな」

カズトのその言葉を聞き、ハルカは嬉《うれ》しかった。

「オレも小学校のとき、ハルカたちと一緒にパレードに出たことを思い出したよ」

「やっぱり吹奏楽《すいそうがく》っていいだろ？　カズトも続けりゃよかったのに」

「まぁ、オレにはオレの道があったから。後悔《こうかい》はしてないよ」

カズトは笑って言った。

「テレビで見てるとき、ハルカが遠い存在《そんざい》になっちゃった気がして、ちょっとさびしい感じもしたな。けど、こうして遊んでるとお前、全然変わってねーなー！」

「お前も変わってねーなー！」

二人は笑いあった。

お互《たが》いに体は大きくなったけれど、人間としての根っこの部分は変わっていなかった。トイレの個室《こしつ》に隠《かく》れたり、追いかけっこをして叱《しか》られたりしていたころのハルカとカズトそのままだった。

「そういえば、最後の定演《ていえん》、どうだった？」

カズトに聞かれ、ハルカは少しまえに終わった定期演奏会《ていきえんそうかい》のことを思い出した。

２０１９年、習志野高校吹奏楽部《すいそうがくぶ》はＣメンが全日本吹奏楽コンクールで銀賞。リコが所属《しょぞく》していたＭメンは全日本マーチングコンテストで金賞。Ｇメンは日本学校合奏コンクールの全国大会グランドコンテストで金賞という結果だった。

また、ショウコの母校の大久保小は全日本小学生バンドフェスティバルで銀賞。ハルカたちの母校の習志野四中は全日本マーチングコンテストで金賞を受賞した。

この年も「音楽のまち　習志野」の学校は大活躍《だいかつやく》だった。

そして、習志野高校吹奏楽部は定期演奏会を迎《むか》えた。

ハルカたち3年生にとっては集大成のコンサート。会場は地元の習志野文化ホールだ。

「悔《く》いのない一日を〜！」

いつも放課後や休日の練習はその言葉で始まっていた。定期演奏会のときは、ステージでみんなでこう叫《さけ》んでから幕《まく》が開いた。

「悔いのない演奏を～！」

Ｃメンは石津谷《いしづや》先生とともに最後の《火の鳥》を演奏した。先生への思い、コンクールへの思いがたっぷり詰《つ》まった、全国大会を上まわる名演《めいえん》だった。

最後の音が鳴り終わると、55人の目には涙《なみだ》が光っていた。客席からは長い長い拍手《はくしゅ》が送られた。

石津谷先生はお辞儀《じぎ》をしていったん舞台袖《ぶたいそで》に引っこんだが、もう一度ステージに登場してＣメンに向けて手を叩《たた》いてくれた。

そして、先生は指揮台《しきだい》に飛び乗ると、客席に向かって両手を広げ、お辞儀をした。

「これが私《わたし》の自慢《じまん》の生徒たちです」とでも言うかのように。

定期演奏会では、野球応援《やきゅうおうえん》メドレーも披露《ひろう》した。チームごとに分かれて活動することが多かった習志野高校吹奏楽部が２０４人全員でできる唯一《ゆいいつ》の演目《えんもく》だ。

もちろん、指揮者はハルカ。大きい体をめいっぱいに使って両手を振《ふ》ると、ステージをぎっしり埋《う》めつくした部員たちが音を炸裂《さくれつ》させた。

習志野高校吹奏楽部《すいそうがくぶ》の名前とともに全国にその名をとどろかせた美爆音《びばくおん》だ。

青春のすべてが解《と》き放たれ、音になる。

磨《みが》き上げてきた伝統《でんとう》の習高サウンドをそのままに、大迫力《だいはくりょく》の演奏《えんそう》を鳴りひびかせる。

《アラバマ》、《パラダイス・ハズ・ノー・ボーダー》、《星空のディスタンス》……アルプススタンドを思い出させる曲が次々に演奏され、その美爆音をハルカは全身で浴びた。

「あぁ、めちゃくちゃ気持ちいい！　美爆音、最高！」

笑顔が止まらなかった。

ショウコやホノカ、リコ……吹奏楽部の仲間たち一人ひとりの顔がハルカの目に映《うつ》った。

ケンカをした。励《はげ》ましあった。ともに泣き、笑いあった。

大切な、大切な、２０３人の仲間たち。

毎日の部活で、心と心を交わらせ、響《ひび》きあわせてきた。

そこから生まれるのが、習志野高校の美爆音なのだ。

ダン、ダン、ダダダン、ダダダダッ、ダダン！

打楽器《パーカッション》の重低音がとどろき、曲は《レッツゴー習志野》に変わった。

ハルカはひときわ力を込《こ》めて腕《うで》を振《ふ》った。炸裂《さくれつ》するサウンドに合わせて、客席にいる観客も「レッツゴー！」と声を上げた。誰《だれ》もが美爆音に酔《よ》いしれた。

定期演奏会《ていきえんそうかい》のハイライトは、部長であるハルカの挨拶《あいさつ》だった。

ハルカはマイクを握《にぎ》って、台本も見ずに満員の観客に向けて自分の思いを語り、最後にこう付け加えた。

「多くの方に支《ささ》えられているということを実感できた3年間でした。こんな素晴《すば》らしい経験《けいけん》ができるのはもう一生ないと思うので、この3年間の思い出を大切にしたいと思います。そして、また習志野高校に戻《もど》ってきて――尊敬《そんけい》する石津谷《いしづや》先生を超《こ》える指導者《しどうしゃ》になり、習志野市に貢献《こうけん》していきたいと思います！」

「ハルカ、お客さんの前でそんなこと言っちゃったの⁉」

カズトが目をまるくした。

「言っちゃったんだよ～」

ハルカは照れ笑いを浮《う》かべた。

「でも、オレ、決めたんだ。教師《きょうし》になりたいって漠然《ばくぜん》と思っていたけど、オレの目標は習志野高校で吹奏楽部の顧問《こもん》になって、石津谷先生を超えることだ！」

ハルカは石津谷《いしづや》先生を真似《まね》て指揮《しき》を振《ふ》った。まだ高校を卒業してもいないのに、気分だけはもう名指導者《めいしどうしゃ》だった。

「そっか。いいんじゃない？　今までもハルカは未来の目標をどんどん決めて、ほとんど実現《じつげん》させてきたんだ。ハルカならきっとできるよ」

カズトがそう言うと、ハルカは指揮していた手を止め、急に真顔になった。

「カズト、お前の目標は何だ？」

「いや、まだ決めてないけど。人の役に立つ仕事をしたい、くらいしか考えてないよ」

「中学を卒業するとき、オレがお前に言ったこと、覚えてる？」

きっといつかまた、カズトと一緒《いっしょ》に音楽ができるときが来ると思うよ。オレ、そんな予感がするんだ——。

あのとき、ハルカはそう言った。

「オレ、またお前と一緒に音楽やりたい」

「いや、そっちは習高でバリバリやってたけど、オレは3年もブランクあるんだぜ？」

「違《ちが》うんだ。演奏《えんそう》するだけが音楽じゃない。もしオレが習高の先生になれたとしたら、習高はもちろんだけど、石津谷先生みたいに習志野市《ならしのし》全体の音楽を盛《も》り上げたいんだよ。でも、自分ひとりじゃ無理だ。信頼《しんらい》できるやつの力が必要なんだ。だから、これからお前がどんな仕事をめざすにしても、いつかオレと一緒に習志野の音楽を盛り上げるってことを頭に入れておいてほしい。だって、お前も好きだろ？　この街も音楽も」

「好きだよ、そりゃ」

ハルカがニヤリと笑い、それにつられてカズトも吹《ふ》き出してしまった。

「ハルカ、お前ってすごいやつだな」

「よし、話は決まった！　ゲームの続きしようぜ！」

コントローラーを握《にぎ》って画面を見つめるハルカの横顔をながめながら、カズトは「本当にこいつ、変わってねーなー」と心の中でつぶやいた。

美爆音《びばくおん》は巣立つ者たちへの応援曲《おうえんきょく》

年が明け、2020年がやってきた。

3年生はほとんど進路が決まっており、ハルカも神奈川県《かながわけん》の大学へ進学することになっていた。

残された予定は、習志野市小学校管楽器講座《ならしのししょうがっこうかんがっきこうざ》とその成果を披露《ひろう》するコンサート「ならしの学校音楽祭」、東京ディズニーリゾートのステージで演奏《えんそう》を披露する「ドリーマーズ・オン・ステージ」、そして、先生や後輩《こうはい》たちに3年生からの感謝《かんしゃ》を伝える部内コンサートだった。

ところが、2月ごろから国内で新型コロナウイルスの感染《かんせん》が拡大《かくだい》。「ドリーマーズ・オン・ステージ」と部内コンサートはギリギリ実施《じっし》できたが、管楽器講座も「ならしの学校音楽祭」も中止となってしまった。

3月になると政府《せいふ》の要請《ようせい》で全国一斉休校《ぜんこくいっせいきゅうこう》となり、吹奏楽部《すいそうがくぶ》の卒部式も中止となった。卒業式だけは行えたが、在校生《ざいこうせい》も保護者《ほごしゃ》も出席できず、3年生だけの式となった。

(本当なら、後輩たちの演奏で入退場《にゅうたいじょう》するのに……。まさか、オレたちの代の最後にこんなことが待っているなんて思いもしなかったよ)

ハルカはさすがにさびしさを覚えた。

式は短縮《たんしゅく》で行われ、あっという間に退場の時間となった。

ハルカはちょうど通路沿《つうろぞ》いにすわっており、他のクラスが通り過《す》ぎていくのを待っていた。

と、列の中に同じ吹奏楽部の「カトショー」こと加藤昇竜《カトウショウタ》がいた。

カトショーは中学まで陸上部だったが、習高でバスクラリネットを吹《ふ》いていた姉のあとを継《つ》ぐように高校から吹奏楽部でバスクラリネットを始めた。ハルカとは部活中によく一緒《いっしょ》にふざけていた仲のいい部員だった。

カトショーはハルカの横を通りかかったとき、握《にぎ》りこぶしを伸《の》ばしてきた。ハルカも握りこぶしを差し出し、ふたりはこぶしとこぶしを合わせるグータッチをした。

「お疲《つか》れさま」とカトショーが言った。

「あぁ、お疲れさま」とハルカも返した。

ハルカはその短いやり取りに胸《むね》が熱くなった。

（3年のみんな、ほんと、お疲れさま。習高でみんなと吹奏楽ができてよかったよ）

ハルカは心の中でそうつぶやいた。


3月31日午後11時59分59秒を過ぎ、ハルカは晴れて習志野高校吹奏楽部を卒部した。同時に、正式に習志野高校の生徒でもなくなった。

ハルカの手元には、黄色いクリアファイルが残った。

吹奏楽部《すいそうがくぶ》に入部したとき、「部長になるための資料集《しりょうしゅう》」にするために買ったものだ。

改めて開いてみると、中には3年間で参加してきたコンクールやコンサート、イベント、合宿などの資料やしおりがぎっしり詰《つ》まっていた。部長になるまでも、なったあとも、たびたび見返しては参考にしたり、反省材料にしたりしてきた。

「うわ、これめっちゃなつかしい！ こんなことあったなぁ」

ハルカは思わずそう声に出しながら、一つひとつの資料をながめた。まるであふれんばかりの思い出を詰めこんだタイムカプセルのようだった。

すべて見終わると、ハルカはクリアファイルを閉《と》じた。厚《あつ》さは10センチほどになっていた。自分が頑張《がんば》ってきた証《あかし》がその厚さなのだと思った。

改めて高校3年間――いや、小4で吹奏楽に出会ってからの9年間の道のりを振《ふ》り返った。予想もしなかった経験《けいけん》をいくつもできたこと、たくさんの人に出会えたこと、せいいっぱい音楽を追求し、その中で自分が成長できたことを実感した。

大人になっていくというのはこういうことなのかなとも思った。

「でも、後ろを振り返る時間はもう終わりだ。ハルカ、また走り始めるぞ！」

ハルカは自分にそう語りかけ、黄色いクリアファイルをぽんと叩《たた》いた。

伝説の火の鳥は、自らの体を炎《ほのお》で燃《も》やし尽《つ》くし、その中で新たに生まれ変わるという。ハルカも青春を吹奏楽という炎で燃やし尽くした。そして、今、新しい生活が始まろうとしている。

次の目標は、大学を卒業して教師《きょうし》になり、習志野高校吹奏楽部の顧問《こもん》になること。そして、尊敬《そんけい》する石津谷治法《いしづやはるのり》先生を超《こ》える指導者《しどうしゃ》になること。そこへ通じる長い道が目の前に広がっている。

同期の仲間たちも、習志野高校を巣立ち、それぞれ別の道を進んでいく。今までとは違《ちが》ったつらさを味わったり、壁《かべ》にぶち当たったりすることもあるだろう。くじけそうになるときが来るかもしれない。

けれど、前を向いて進んでいこうとするハルカたちの背中《せなか》を、あのとき奏《かな》でた美爆音《びばくおん》が力強く押《お》してくれるだろう。

美爆音は、未来の自分たちへの応援曲《おうえんきょく》でもあったのだ。

習志野の仲間たち。さぁ、行こう、未来へ！

レッツゴー、習志野！

ようこそ！　豪華《ごうか》音楽船「ドリームズ・カム・トゥルー号」へ

習志野高校吹奏楽部《すいそうがくぶ》は全国の音楽を愛する子どもたちがその夢《ゆめ》を叶《かな》える豪華音楽船「ドリームズ・カム・トゥルー号」なのです。

毎年4月、多くの新しいお客様（新入部員）をお迎《むか》えし、すでに乗船中の先輩《せんぱい》たちと一緒《いっしょ》に千葉県、あるいは全国各地、またある時には海外に、お客様の夢を叶えるための長い音楽紀行の旅に出るのです。顧問《こもん》の先生方は皆《みな》「夢先案内人」なのです。

乗船されるお客様はそれぞれにさまざまな夢をお持ちです。

例えばあるお客様は「野球応援《おうえん》をして甲子園《こうしえん》に行きたい」。別のお客様は「コンクールで全国大会に出てみたい」。また別のお客様は「演奏《えんそう》に合わせダンスを踊《おど》りたい」。さらに「コンサートで司会をやってウケを取りたい」、「マーチングのガード（大きな旗を振《ふ》る）を極めたい」、「クラシック音楽の名曲を歌ってみたい」等々。

夢を持っている人は未来に向かって強く生きぬこうとする力が備《そな》わっています。その夢を実現させてあげるために「夢先案内人」である顧問が可能な限《かぎ》り指標を示《しめ》すのがこの船なのです。航海《こうかい》は決して順風満帆《じゅんぷうまんぱん》な時ばかりではありません。大シケの時もあれば暴風雨《ぼうふうう》の中を突《つ》き進まなければならない時もあります。でも乗客全員の力を結集し、この困難《こんなん》を乗りこえた時にその夢は実現するのです。寄港先《きこうさき》のホールやスタジアムでは多くの聴衆《ちょうしゅう》・観衆の皆さんが我々《われわれ》の演奏を楽しみに待っていてくださいます。

全国の小学生・中学生の皆さん。私たちと一緒に夢を追い求める旅に出ませんか？　この船にはあなたの探《さが》し求めている夢が満載《まんさい》しているかもしれませんよ！

ところで本書をお読みになった読者の皆さん。気になる箇所《かしょ》がありませんでしたか？172ページにある「男っていうのはね、最後は……」というセリフ。実は船長である筆者はこの後もしっかり発言していたんです(この時のことは、とあるテレビ番組で放映《ほうえい》されていましたが、やはり省略されていましたね)。それではこの後の状況《じょうきょう》を再現してみましょう！

「男っていうのはね、最後は……(涙)、桜の花びらの如《ごと》く美しく散っていきたいんだよね。明日は一緒に感動的な音楽を奏《かな》で、美しく散らせてくれな」船長……(涙涙涙)。

美しかったかどうかは実際《じっさい》に皆さんが習志野高校吹奏楽部の演奏を聴《き》いて確《たし》かめてみるのもよいかもしれませんね。毎年毎年本当に素晴《すば》らしい子どもたちと出会え、そして最高の音楽を奏でられることを心から感謝《かんしゃ》しています。習志野高校吹奏楽部は最高で〜す☺

令和二年十一月吉日

習志野高校吹奏楽部顧問　石津谷《いしづや》　治法《はるのり》

オザワ部長

日本で唯一の吹奏楽作家。神奈川県横須賀市出身。早稲田大学第一文学部文芸専修卒。吹奏楽の素晴らしさを伝えるために日々活動中。著書に「吹部ノート」シリーズ（KKベストセラーズ）、『翔べ! 私たちのコンクール』『中学生ブラバン天国』（以上、学研）、「あるある吹奏楽部」シリーズ（新紀元社）など。NHK Eテレ「沼にハマってきいてみた」、NHK FM「今日は一日“吹奏楽”三昧リターンズ」などメディア出演多数。朝日新聞デジタルにて「奏でるコトバ、響くココロ 吹部名言集」連載中。ラジオ「Bravo Brass～集まれ!ブラバンピープル～」出演中。CD選曲やライナーノーツ執筆など多方面で活躍。

pon-marsh（ぽんまーしゅ）

福島県在住。装画や挿絵等を中心にイラストを描いている。
児童書の主な装画作品に「イチゴの村のお話たち」シリーズ（学研教育出版）、「謎解きカフェの事件レシピゆめぐるま」シリーズ（国土社）、「みつばの郵便屋さん」シリーズ（ポプラ社）などがある。あたたかい気持ちになれるような絵をめざして奮闘中。

協力

習志野市立習志野高等学校
習志野市立第四中学校
習志野市立第二中学校
習志野市立大久保小学校
習志野市立東習志野小学校
習志野市立屋敷小学校

Special thanks　織戸弘和　瀧山智宏

美爆音！ぼくらの青春シンフォニー　習志野高校吹奏楽部の仲間たち

2020年11月30日　第1刷発行

著　オザワ部長
絵　pon-marsh

発行者　岩崎弘明
発行所　株式会社岩崎書店　〒112-0005　東京都文京区水道1-9-2
電　話　03-3812-9131（営業）　03-3813-5526（編集）
振　替　00170-5-96822

装　幀　西村弘美
印　刷　三美印刷株式会社　　製　本　株式会社若林製本工場

ISBN 978-4-265-84025-0　NDC916　200P　20×14cm